Mentala Vitaminer med Chi Neng Qigong
Copyright © 2024
Ansvarig utgivare: Monica Ivesköld
Omslag: Monica Ivesköld
Vissa bilder är tillverkade med hjälp av AI

Förlag: BoD · Books on Demand, Stockholm, Sverige
Tryck: Libri Plureos GmbH, Hamburg, Tyskland
ISBN: 978-91-8057-729-8

Mentala vitaminer med Chi Neng Qigong

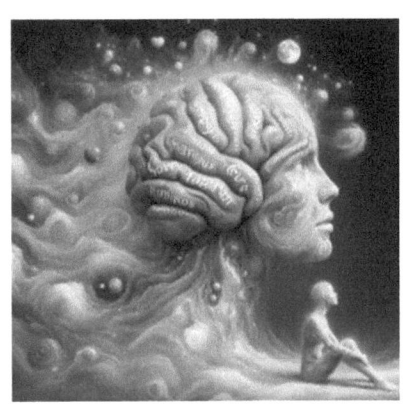

av

Monica Ivesköld

Innehållsförteckning

Mentala vitaminer med Chi Neng Qigong

Gratulerar till ditt kloka beslut att investera i dig själv! Som läkaren Lissa Rankin påpekar:

"Medvetandet är starkare än mediciner"

På hennes blogg står det, fritt översatt:

"Genom att använda kreativitet och musik som en portal till banbrytande traumaläkningsmetoder, andlig healing och energimedicin, får individer som är redo för en djupdykning, kunskap i att behandla grundorsakerna till personligt och kollektivt lidande."

Du har en inbyggd kraft inom dig. Genom att använda ditt mentala medvetande, kan du skapa en plattform för att förbättra ditt välmående, minska stressen och bli rörligare. Du får massor av tips i boken för att främja ditt välmående — Mentala vitaminkickar.

Välkommen

Du som valt att satsa på dig själv, har många spännande sidor att upptäcka i denna bok.

Under mer än tjugo år har jag lett Chi Neng Qigong-kurser, både fysiskt och online. Denna bok är en mångfacetterad resurs, fylld med råd och knep för att utveckla din inre och yttre balans. I boken får du tydliga instruktioner för övningar. Du kan även lyssna på några inspelade övningar på YouTube genom att följa länkarna.

Om du tränar flitigt på övningarna, kommer något att hända i din kropp och i ditt sinne. Jag har tränat i närmare tjugofem år och ju mer träning, desto djupare insikter. Genom träning kan du hantera stress och ångest, förbättra din sömn och energi, samt utvecklas både emotionellt och andligt.

Lycka till på din resa!

Monica Ivesköld

1 Introduktion till Vitaminkicken - Stärk din energi

Genom att välja denna bok har du tagit det första steget mot att investera i din egen hälsa och välmående. Låt dig guidas av mig. Jag är certifierad Chi Neng Qigong-instruktör med över tjugo års erfarenhet. Detta blir en resa mot att hitta din inre kraft och balans.

I denna bok kombineras Chi Neng Qigong - en uråldrig kinesisk praxis för att balansera kropp och sinne — med Mentala Vitaminkickar — en uppsättning tankar och strategier för att stärka ditt mentala välbefinnande. Lär dig hur du kan skapa förutsättningar för att må bättre, minska stress och öka din rörlighet genom mjuka rörelser, meditation och mindfulness (dvs medveten närvaro), avslappning och avspänning.

Introduktion

Chi Neng Qigong

2a hjärtat och inre palatset

Avslappning / Avspänning

Meditation / Mindfulness

Motivation / Energi boost / Stress

Mental träning

FengShui / Currylinjer mm

Hypnos / Qigong för självhjälp

Healing mm

I boken går du igenom ett antal avsnitt, se bild. Kanske passar någon del dig bättre än andra delar. Du avgör och kan gå tillbaka och repetera.

Du får lära grunderna i Chi Neng Qigong, lära dig hur du ska stå när du tränar, verktyg som hjälper dig slappna av samt lära dig hur du kan stärka din kropp och själ. Givetvis får du tips för ökad motivation, hur du kan 'boosta' dig själv, samt genom mental träning må gott och öka ditt välbefinnande. Inom Chi Neng Qigong ingår meditation och mindfulness.

Det tar inte mer än ynka sju (7) minuter per dag för att transformera ditt energisystem, att frigöra dig från stress och att återskapa ett bra sinnes- och kroppstillstånd. Qigong kombinerar stretchning, töjning, flöde, mindfulness, andning och energi. Detta kommer att förbättra ditt liv men du måste etablera en rutin för träningen.

Stressreduktion och psykisk hälsa
Flera studier har visat att qigong kan minska stress och symtom på ångest och depression. Genom att praktisera qigong kan du reglera det autonoma nervsystemet, vilket bidrar till en förbättrad balans mellan sympatiska och parasympatiska system, vilket i sin tur leder till lugn och avslappning.

I medvetenheten om psykisk ohälsa kan qigong erbjuda ett värdefullt verktyg för att förbättra mental hälsa och välbefinnande. Dess förmåga att integrera kropp och sinne gör det till ett effektivt komplement till traditionella behandlingsmetoder för ångest, depression och andra psykiska tillstånd.

Förbättrad fysisk hälsa
Forskning tyder på att regelbunden qigong-träning kan förbättra flera aspekter av fysisk hälsa, inklusive hjärt-kärlsystemets funktion, balans, flexibilitet och allmänna energinivåer. Det har visat sig ha positiva effekter på blodtryck och andningsfunktion.

Smärtlindring
Med hjälp av studier har forskarna funnit att qigong kan vara effektivt som smärtlindring, särskilt relaterat till kroniska tillstånd som fibromyalgi och artrit, genom att minska muskelspänningar och främja mentalt och fysiskt välbefinnande.

Immunförsvar

En intressant upptäckt är att qigong kan ha en positiv inverkan på immunsystemet. Vissa studier tyder på att det kan öka nivåerna av immunceller och förbättra immunförsvarets funktion, vilket gör kroppen bättre rustad att hantera infektioner och sjukdomar.

Kognitiva funktioner

Forskning inom området tyder på att qigong kan förbättra kognitiva funktioner som minne och koncentration. Detta är särskilt värdefullt för äldre, eftersom det kan hjälpa till att motverka åldersrelaterade minskningar i kognitiv funktion.

Livskvalitet och välbefinnande

Generellt sett har studier visat att personer som regelbundet utövar qigong rapporterar högre nivåer av livskvalitet och välbefinnande. Detta inkluderar förbättringar i emotionell hälsa, social funktion och allmän livstillfredsställelse.

Hälsoprevention

Qigong stärker kroppens naturliga förmåga till självläkning och kan förebygga sjukdomar genom att förbättra immunsystemet och den allmänna hälsan. I en framtid där hälsovårdskostnaderna stiger och belastningen på sjukvårdssystemen ökar, kan qigong erbjuda ett kostnadseffektivt sätt att främja folkhälsan på bred front.

♠♠♠

Sammanfattningsvis stöder forskningen att qigong är en värdefull holistisk praktik som kan ha omfattande positiva effekter på både fysisk och mental hälsa. Dess förmåga att integrera kropp och sinne gör qigong till ett kraftfullt verktyg för att främja hälsa och förebygga sjukdom. Det är viktigt att komma ihåg att qigong inte bör ses som en ersättning för traditionell medicinsk behandling, utan snarare som ett komplement till befintliga behandlingsmetoder.

Framtiden för qigong ser lovande ut eftersom allt fler människor söker sig till holistiska och preventiva hälsopraktiker. Låt dig inspireras till en helande resa med hjälp av denna bok.

Boken är fylld med praktiska övningar, användbara tips och personliga berättelser som kommer att hjälpa dig att upptäcka din inre styrka och främja din fysiska och mentala hälsa. Den riktar sig till dig, oavsett om du är nybörjare eller erfaren utövare. Ge dig själv en god hälsa och harmoni - börja din resa idag med Chi Neng Qigong och Mentala Vitaminkickar.

Du kommer i den här boken att få övningar som gör att du kan varva ner.

Vad är mentala vitaminer?

"*Mentala vitaminer*" är inte en vetenskapligt erkänd term utan ett begrepp som jag har skapat. Om du vill främja hjärnhälsan och kognitiv funktion kan det handla om att inkludera näringsämnen och aktiviteter som främjar optimal hjärnfunktion. Här är några exempel på "*mentala vitaminer*".

- Omega-3-fettsyror:
  Dessa fettsyror finns i fet fisk typ lax och tonfisk. De är kända för att stödja hjärnans hälsa och kognitiva funktion.
- Antioxidanter:
  Frukt och grönsaker är rika på antioxidanter som kan hjälpa till att bekämpa oxidativ stress och inflammation, vilket kan påverka hjärnans hälsa. Oxidativ stress är en obalans mellan kroppens antioxidativa försvar och fria radikaler samt andra syreföreningar.
- B-vitaminer:
  B-vitaminer, särskilt B6, B9 (folat) och B12, spelar en roll i hjärnans hälsa och är viktiga för bildandet av neurotransmittorer (dvs en signalsubstans; en molekyl som förmedlar nervsignaler).
- Vitamin D:
  Denna vitamin kan påverka kognitiv funktion och det finns studier som föreslår att låga nivåer av vitamin D kan vara kopplade till ökad risk för vissa neurologiska sjukdomar.

- Mentala övningar:
  Utmana hjärnan genom att lära dig nya färdigheter, lösa pussel eller engagera dig i intellektuellt stimulerande aktiviteter. Det kan främja kognitiv funktion. *Något som du får tips om i den här boken!*
- Motion:
  Regelbunden fysisk aktivitet har visat sig ha positiva effekter på hjärnhälsan och kan bidra till att minska risken för kognitiv nedgång. *Genom att lära dig Chi Neng Qigong, kan du träna dagligen.*
- Adekvat sömn:
  Sömn spelar en avgörande roll i kognitiv funktion och minnesbildning. Att sträva efter tillräcklig och god kvalitet på sömnen är viktigt för hjärnhälsan.
- Stresshantering:
  Långvarig stress kan negativt påverka hjärnans hälsa. Att använda metoder som meditation, mindfulness eller andra avslappningsövningar är fördelaktigt. *Genom övningar i den här boken, får du tillgång till metoder för att eliminera stress och skadliga tankar.*

Andningen

Inom Chi Neng Qigong läggs fokus på andningen. Börja därför med att uppmärksamma den.

Känn efter VAR du lägger andningen

När du är stressad, lägger du kanske andningen högt upp i bröstet. När du andas normalt, lägger du andningen i magen. Det är viktigt att lägga andningen rätt. Andas du högt upp i bröstet, skapar du stress och flämtande. Du kan även styra röstläget med hjälp av andningen.

Smärta

Har du smärta? Själv är jag reumatiker. De flesta som har reumatism, behöver hålla sig i stolskarmen för att resa eller sätta sig. Jag har tränat upp min rörlighet med hjälp av Chi Neng Qigong och kan numera resa mig utan att använda stolskarmen.

Jag har smärta framför allt i fotsulorna. Med hjälp av självhypnos går jag ner i ett lugnare stadium där jag upplever mindre smärta.

Stärk din energi - Lite teori om Chi Neng Qigong

I boken får du möjligheter att stärka din energi. Chi Neng Qigong är mer än bara qigong.

Chi Neng Qigong, även känd som *Zhineng Qigong*, grundades av Dr Pang Ming, en kinesisk läkare som är utbildad både i västerländsk och traditionell kinesisk medicin. Dr Pang Ming grundade denna form av qigong under 1980-talet, efter att ha fördjupat sig i flera olika qigong-stilar och andra former av kinesiska helande läkekonster. Han skapade *Zhineng Qigong* som en vetenskapligt baserad metod, vilken syftade till att integrera omfattande kunskaper i medicin, qigong och andra relaterade discipliner.

Metoden är utformad för att förbättra hälsa och välbefinnande genom att utveckla sinnet (som är kroppens samspel). Den betonar vikten av att öppna upp kroppens energikanaler och transformera medvetandet. *Zhineng Qigong* har vunnit stor popularitet i Kina såväl som runt om i världen, tack vare dess effektivitet och tillgänglighet.

Qigong handlar om:

1. Egenvård & friskvård
2. Avslappning & meditation
3. Självhypnos
4. Mindfulness
5. KBT (kognitiv beteende-terapi)
6. Stärkande & rörelsefrämjande

Dr Pang Ming

Dr Pang Ming etablerade världens största medicinfria sjukhus i Kina på sjuttiotalet. De sexhundra handledarna har dokumenterat klienterna via ultraljud med videokameror. Ingen fick kalla sig sköterska eller läkare. Sjukhuset stängdes 2000 men har numera öppnat igen i mindre skala.

Mina mentorer

Jag har under tjugofem år haft fem olika mentorer för *Chi Neng Qigong*; en kvinnlig handledare från Holland, två från Kina och två från Sverige. En av mina mentorer heter *Li Hongshi*. En fantastisk person som har lärt mig massor kring *Chi Neng Qigong* och allt runtomkring. Han brukar säga:

— Enjoy the pain, dvs Njut av smärtan! Smärtan säger dig någonting, förklarar han.

Själv har jag tränat när jag har haft inflammationer som läkts med hjälp av *Chi Neng Qigong*.

Här är en bild med lite stolpar kring programmet. Du får lära mer om dessa i boken.

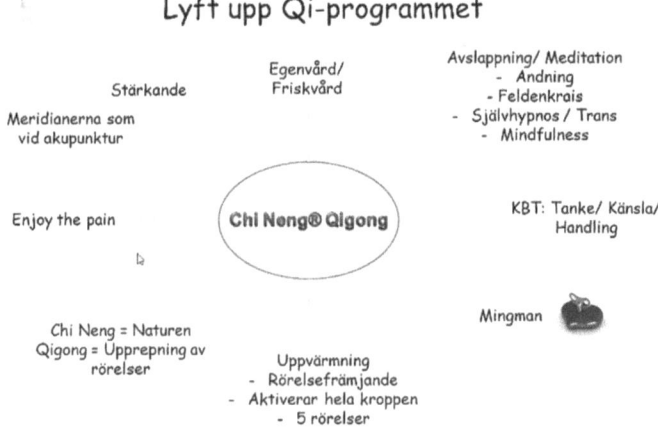

Skillnaden mellan Qigong och Yoga

Qigong och Yoga påminner om varandra och är båda discipliner med rötter i östlig filosofi och tradition. De har båda olika kulturella och geografiska ursprung.

Qigong

Ursprung, filosofi och mål

Qigong härstammar från Kina och har en lång historia som sträcker sig över flera tusen år.

Qigong fokuserar på att balansera och reglera livsenergin, känd som "qi" eller "chi", genom övningar som kombinerar rörelse, andning och meditation.

Målet med qigong är att främja hälsa, öka livsenergin och uppnå inre harmoni.

Yoga

Ursprung, filosofi och mål

Yogan har sitt ursprung i Indien och har en historia som sträcker sig över flera tusen år.

Yogafilosofin bygger på hinduismen och buddhismen samt inkluderar fysiska övningar (asanas), andningskontroll (pranayama) och meditation.

Målet med yoga sträcker sig bortom fysisk hälsa och inkluderar andlig utveckling och självinsikt.

Summering Qigong och Yoga

Båda disciplinerna betonar sambandet mellan kropp och sinne. Regelbundna övningar kan bidra till fysisk hälsa och emotionellt välbefinnande. Trots geografiska och filosofiska skillnader har de likheter när det gäller att integrera kroppsrörelser, andningsövningar och meditation för att främja balans och välbefinnande.

Chi Neng Qigong kan utövas av både friska och sjuka personer. Du kan göra övningar stående, sittande eller liggande. Till och med i tanken, om du har hög feber.

Chi betyder energi. Neng är namnet på naturen, dvs Chi Neng = att du ger och tar energi från naturen. Gong betyder upprepning. Chi Neng Qigong aktiverar hela kroppen.

När du utövar qigong, som består av omfattande system och tekniker, fokuserar du på koncentrationen kring rörelserna med hjälp av meditation och visualisering. Även ljudvibrerande healing används inom Qigong. Exempelvis använder jag ibland orden *Kai – Ho* (som betyder öppna – stänga eller in – ut), ord som du kan höra de österländska munkarna använda. Andlig medvetenhet är en effekt av qigong.

Chi Neng Qigong består av olika nivåer. I den här boken tipsar jag utifrån nivå 1 – *Lyft upp Qi*.

Varje nivå inom *Chi Neng Qigong* bygger på den föregående och fördjupar utövarens förståelse och förmåga att träna chi för att förbättra både fysisk och mental hälsa. De olika nivåerna är:

Nivå 1: Peng Qi Guan Ding Fa (Lyft upp chi, häll ned chi)
Denna grundläggande nivå fokuserar på att öppna upp energikanaler och balansera energiflödet i kroppen. Övningarna inkluderar mjuka rörelser som hjälper till att samla och cirkulera chi (livsenergi) genom kroppen, vilket främjar fysisk och mental hälsa. Det är denna typ av qigong som du kan läsa om i den här boken.

Nivå 2: Xing Shen Zhuang (Kropps- och själsövning)
Denna nivå fokuserar på att integrera kropp och själ genom mer avancerade rörelser och visualiseringstekniker. Övningarna syftar till att stärka kroppen, förbättra flexibilitet och balans samt fördjupa energimeditationerna för att öka det allmänna välbefinnandet.

Nivå 3: Wu Yuan Zhuang (Fem elementsövning)
På denna nivå arbetar man med de fem elementen (trä, eld, jord, metall och vatten) för att balansera kroppens inre organ och energisystem. Övningarna involverar djupare meditation och avancerade tekniker.

Två hjärtan
Chi Neng Qigong handlar om mjuka rörelser. Enligt mina mentorer i Kina, har vi mer än ett hjärta. Vi har ett så kallat "hjärta" som heter *Mingmen* och det sitter ungefär i höjd med 3-4 kotan underifrån i ryggraden, inne i själva kroppen.

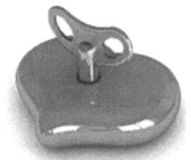

Föreställ dig att du skulle kunna se detta område med genomlysning. Om du i fantasin stoppar in ett snöre i naveln och snöret kommer ut vid nämnda kotor, passerar du *Mingmen*. Föreställ dig att du drar snöret genom kroppen. Samtidigt som du drar i det, skjuter du fram bäckenbotten. DET är den hållning som du behöver för att orka stå upp en längre stund.

Tysta aporna

Vad händer i ditt liv om du blir observant på dina tankar. Tankar är som tjattrande apor, oftast baserade på fantasier. För att utöva Qigong, behöver du stänga av aporna. Att "*tysta aporna*" betyder att du lär dig styra tankarna, eliminera negativa tankar och omvandla dem till positiva.

Hur ser dina tankar ut? Händer det att du tänker negativa tankar? Känner du dig ibland som en 'förlorare'? Du ska få några övningar för detta.

Du tillhör kanske dem som tänker eller säger:

— Nu säger jag upp mig från Livet AB. Ekonomin är blaha, skrattretande, försäkringen täcker inte bilen som kvaddats, det är sjukdom och elände runt omkring mig, Europa-oro med Putin och Ukraina. Nej jag vill INTE mer ... Jag är en fegis, men nu kastar jag mig handlöst utför! En svart känsla!

Vad händer om du tänker andra tankar? Kan du omvandla alla ovanstående tankar till positiva?

Du kanske får hjärtklappning av oro och stress. Ge känslorna en mental boost, med andra ord: påfyllning.

Övning – Omvandla tankarna

Gör så här för att omvandla tankarna:

- Ta fram ett tomt papper.
- Rita en lodrät linje uppifrån papperskanten ovan och ner till botten.
- Skriv ner alla negativa tankar du kan komma på, till vänster på papperet.

Föreställ dig att dina tankar är som såpbubblor. En tanke föder fler negativa tankar. Vad skulle hända om du kan krossa alla negativa tankar/såpbubblor?

Titta på dig själv och ditt kroppsspråk!

11

- Hur kryper du ihop med kroppen, när du tänker negativt?
- Omvandla dina negativa tankar till positiva på den högra sidan av papperet.

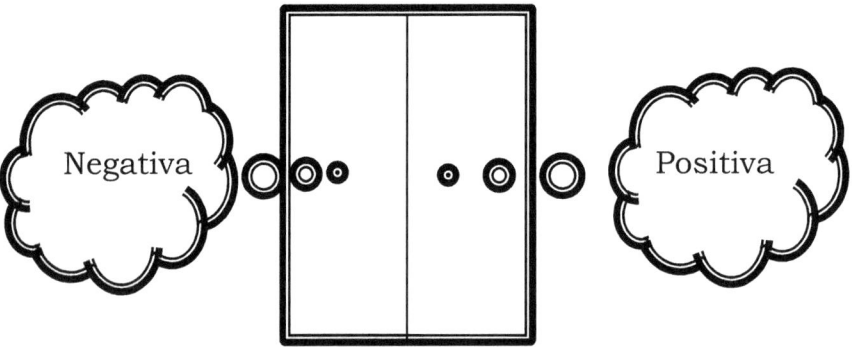

- Säg de positiva tankarna högt.
- Hur ser ditt kroppsspråk ut nu?
- Är det någon fysiologisk skillnad?
- Vilken känsla skapar dina positiva tankar i kroppen?
- Upplev din kropp!
- Res dig upp och sträck händerna mot taket. Säg – med ett STORT LEENDE – det negativa du har skrivit på papperet.
- Alternativt kan du säga: — Fy fasen vad jag mår dåligt!
- Hur gick det?
- Påverkade din kroppshållning din tanke?

Negativ tanke	Positiv tanke
Har för lite pengar …	Spara 10 kronor om dagen
Röra / kaos	Skapa struktur
För lite tid	Planera min dag
Stress	Vad ger mig glädje?
Oro	Vad skapar lugn hos mig?

- Klipp bort de negativa tankarna
- Forma pappersbiten till en boll som du demonstrativt kastar samtidigt som du medvetet säger: — Bort, bort, försvinn ur mitt liv!
- Sätt upp de positiva tankarna (kanske på kylen)!

I stället för att tänka: — Jag har för lite pengar! Kan du tänka: — Jag ska spara en tia om dagen! På så sätt kommer du att ha ett litet sparkapital om några år. Se detta framför dig. Investera för att skapa struktur.

Planera din tid. Det räcker inte att tänka tanken. Ta fram din kalender och planera för att uppnå detta. Själv planerar jag in allt – även telefonsamtal i min elektroniska kalender. Se bild.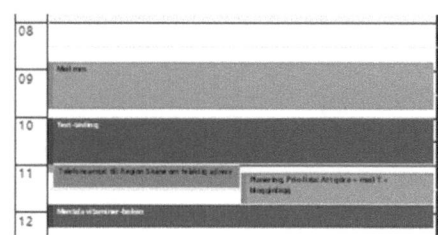
Upplever du stress, planera in sådant som ger dig glädje i livet och varva med det tråkiga. Är du orolig, skriv vad som skapar lugn hos dig.

Övning - Tänk inte på en rosa elefant

Om jag säger: — Tänk INTE på en rosa elefant!

Vad händer då? Kan du undgå att tänka på elefanten? Förmodligen tänkte du inte tidigare på en rosa elefant men när jag sa åt dig att **INTE** tänka, dök plötsligt den rosa elefanten upp. Eller hur?

Vad kan du lära dig av detta? Jo, att ordet INTE har någon större påverkan på din hjärna. Hjärnan kan inte förstå ordet.

Din mentala ryggsäck

Vågar du säga NEJ till saker som andra ber dig om? Det finns många personer som aldrig kan säga NEJ. Men hopp finns. Du kan lära dig detta.

Din mentala ryggsäck

Resultat är något som du alltid bör föreställa dig i förväg. Vilket resultat vill du uppnå? Oavsett om detta gäller dina tankar eller något annat i livet. VAD är det du gömmer i din mentala ryggsäck som gör att du kanske inte kan säga NEJ?

Rädslor

Du styrs av rädslor. Kom ihåg att rädslor och passion alltid styr dig. Rädslorna tar överhanden över passionen. De baserar sig på följande:

- Tillhöra – Betydelsefull
- Kontroll – Kompetens
- Öppenhet – Omtyckt

Du vill tillhöra en grupp, vara betydelsefull. Du vill att andra ska veta att du är kompetent och det innebär att du har kontroll. Du vill vara omtyckt och få öppenhet tillbaka från andra. Om du lär dig tycka om dig själv, kan du bli:

- Älskad, omtyckt och kompetent

Annars får du be om hjälp! Be om feedback: Vad gör du som andra upplever som störande? Det handlar om ditt beteende, det vill säga aldrig om VEM du är utan om VAD du gör eller vad du inte gör.

Ha roligt

Livet är kort. Gör inte saker som du tycker är tråkiga, svåra eller olustiga. Om du måste, knyt dem till något som du tycker är roligt.

Exempelvis hade jag en kollega som tyckte att strykning var det tråkigaste hon kunde uppleva. Hon bestämde sig för att alltid stryka på lördagarna när hon lyssnade på Melodikrysset som hon älskade. Hur kan du få mer av sådant som skapar lycka i din tillvaro?

Övning – VAD kan skapa glädje i ditt liv?

Gör så här:

- Ta fram ett nytt tomt papper.
- Skriv ned ALLA saker som kan skapa glädje i ditt liv.

Vad skulle hända om du får din kropp att må bra? Om ditt hjärta och din hjärna mår förträffligt? Om du kan lära dig tänka fler positiva tankar (även i blåsväder)? Om du slutar oroa dig? Om du vågar säga NEJ utan att styras av rädsla?

Skapa en mental boost VARJE DAG och du kommer att må bättre. Ta hand om det mest värdefulla i ditt liv, nämligen DU! Nu har du fått lite att "tänka på".

Vad händer i ditt liv om du börjar bli mer observant på dina tankar, dina tjattrande apor? Stäng av aporna!

Sätt upp slutresultatet av övningarna ovan, så att du ser dem varje dag.

Tankar är ord och apor

Resultat är något som du alltid bör uppleva i förväg. Vilket resultat vill du uppnå? Detta kan gälla dina tankar eller något annat i livet. Vad skulle hända om du kunde styra dina tankar?

Du har 60.000-70.000 tankar per dag. Flertalet av dem är fantasier.

Dina tankar styr dina känslor - och vice versa - och tankar och känslor styr handlingarna. Dagligen upprepar du ditt beteende. Samma beteende blir till ett mönster i din hjärna. Detta mönster

15

uppfattar du som en bekant känsla. Så hur har du det med tankarna? Hur fixar du exempelvis känslan av trötthet?

Tankarna är hjärnans fiktiva språk medan känslorna är kroppens språk. Jag citerar Charlie Hoehn:

> *"Vad har Steve Jobs, Bob Dyland och Plato gemensamt?*
> *Alla tre upplevde arbetet som ett spel."*

Har du någon gång upplevt att ett intressant arbete eller en rolig hobby helt plötsligt förvandlas till något tråkigt? Du har kanske, precis som jag, någon gång känt dig utbränd, eller tappat intresset för något som tidigare har tilltalat dig? Vad händer när du tänker "jag lägger av"? Känner du dig då som en "förlorare" eller är det så att du – med högburet huvud – faktiskt kan konstatera att du har "verkat färdigt gällande ämnet" - att du är "klar"?

I mitt liv har jag haft vissa intressen under några år. Därefter har *lågan* "brunnit ut". Som en kärlek som sakta falnar. Har du upplevt detta någon gång? Hur hanterade du det? Vilka tankar får du när du börjar tycka att saker och ting är tråkiga? Hur agerar du då?

Under tjugo år sjöng jag i kör. Det var väldigt roligt men en dag tyckte jag inte längre att det var kul. Ändå fortsatte jag. Varför, kan man ju undra? Jag var färdig med sjungandet – åtminstone i den kören och med den repertoaren. Detta blev tydligt för mig och jag insåg att det faktiskt gick an att säga att jag var "färdig". Strax efteråt upptäckte jag nya spännande saker. Utmaningar som jag aldrig hade haft chansen att få uppleva om jag fortsatt med körsjungandet.

Jag spelade revy i åtta år. Därefter var jag klar med "revyandet". Då blev det komiska farser och musikaler. Så fruktansvärt roligt.

Samma sak är det med arbetet. Jag anser att det ska vara roligt att "gå till jobbet". Att med glädje få göra exakt det som du brinner för. Meningslösa saker blir ingen lycklig av. Trots tristessen, håller många personer kvar vid det gam-

16

la. Det är här rädslorna kommer in. Livet är kort. Att slösa bort det på meningslösa saker, är inte kvalitativt. Trots detta fortsätter du kanske? Mycket beroende på ekonomiskt tvång. Pengar är inte allt, men de betyder mycket när du behöver dem.

För att mota rädslan, behöver du tänka om. Fokusera på det som skapar energi. Föreställ dig att arbetet är ett spel, då leder det till något positivt.

Du som har deltagit i någon av mina utbildningar har hört mig betona vikten av att ta reda på din mission. VAD exakt är det som får dig att må bra? Att ställa varför-frågor till dig själv, kan hjälpa dig ta reda på svaret. Varför-metoden är en Lean-metodik som fungerar. Alla företagsledare borde göra Varför-metodiken med personalen. Att skriva en massa floskler på ett papper är meningslöst. Alla bör ta reda på varför de vill uppnå vissa mål. Hitta "drivet" gemensamt så att anställda och verksamheten kan skapa energi och entusiasm inför uppgifterna. Drivkrafter kan exempelvis vara:

- Att få människor att växa. Detta brinner jag för.

Men det kan vara många andra saker. Ibland har jag fått svar från mina kursdeltagare, svar som är allt annat än deras egentliga driv. Det kan vara:

- "Jag vill lyckas..." Vem vill inte det? Frågan är med vad och hur!
- "Mitt driv är att klara av det jag företar mig ..." Kanske bör vederbörande fundera över VAD hen företar sig och VARFÖR
- "Jag vill leda andra" (ofta säger de detta utan att förstå varför de har den önskan)

Det här drivet är mer talande:

- "Skapa glädje hos mig, mina medarbetare och mina kunder"
- "Pilla med noggranna detaljer"

Vi är alla stundtals allvarliga och seriösa. Varför inte leka en stund? Ge dig själv en personlig utmaning varje dag. Tillåt dig att under 30 minuter per dag, få utveckla dig själv och göra något som du tycker är superkul. Att ha detta lilla möte med dig själv, skapar oerhört mycket inombords.

Lär dig tacka "nej" till saker som drar energi. Du som har gått utbildning i effektivitet för mig, vet att du kan spara ca tre timmar per vecka genom att täppa till tidstjuvarna. Det finns människor som är tidssabotörer. De dränerar dig. Tacka "nej" till umgänget med dem.

Missa inte livet. Det pågår just nu. Stunden kommer aldrig tillbaka. Le och upplev allt du har omkring dig. Fokusera på att vara regissören i ditt livs film. Det är du som bestämmer. Undantagen kan vara sjukdom eller tekniska missöden. Men även dem kan du styra till viss del. Se på mig; Jag har delvis botat min reumatism. Efter tre år med cellgifter är jag sedan 2009 medicinfri.

Framgångsrika människor har ofta roligt. Det är när vardagen blir allvarlig som de tappar framgången. Lyckliga människor har ofta framgång. Lycka skapar framgång men framgång skapar inte alltid lycka. När framgång blir slentrian, blir den tråkig. Hur ska du skapa magi i ditt liv? Lek en stund med tanken.

Släpp gamla fördomar. Låt dina inneboende gäster (Luther, Jante, Åberg och Ågren) få leka själva en stund – utan dig – och fokusera på ditt JAG. Detta företag är det viktigaste företaget i ditt liv. Jag kallar det för "LIVET AB" – en heltidsanställning.

Rädslorna styr och gör hemska saker med dig. Rädslan startar dina tankar – dina fantasier. Tankar utan ett uns av sanningshalt. Tankarna skapar bilder som når ditt undermedvetna. Ditt undermedvetna skapar nya känslor som blir sanning. Du blir rädd för att hemska saker ska hända. Genast tittar du dig över axeln och snart finner du något hemskt. Rädda människor får svårt att andas, att slappna av och ibland att somna. Känslorna skapar hjärtklappning som leder till ångest. Du förminskar dig själv. Hur ska du orka? Utmattning säkerställer inte kreativiteten. Till slut är du uppslukad och fokuserad av din rädsla. Tillåt dig att bryta mönstret. Vad händer du om tänker andra tankar? Vad händer om du stänger av tankarna?

Hur får då dina känslor näring? Vad händer när du blundar och fokuserar på dina inre organ? Utan tankar kan du klappa om dina njurar, ditt hjärta och dina lungor. En irriterad gallblåsa gillar beröring. Detta behöver du träna på.

Svårigheten är att skapa rutin – att stänga ute apan/tanken och bara tillåta dig att njuta av livet, av stunden, av nuet. Öva dig i att träna på att tysta apan inom dig! Gör dig själv en tjänst, släpp tanken. Allt kommer att fixa sig. Fokusera på vad du vill – din målbild. Jag lovar dig, du kommer att lyckas. Till en början kanske inte i så snabb takt som du skulle önska, men det går framåt. Du kommer att uppnå det du vill. Det är inte lätt, jag vet, men det går – om du tänker andra tankar. Lova dig själv att släppa alla tvångsinriktade tankar. Fokusera enbart på vad du vill och bry dig inte om hur du ska uppnå det. Ta reda på vad du vill. Skriv ner det! Resten fixar sig. Tvivlet kommer att vara din följeslagare ett tag till, kanske alltid. Det skapas av dina tankar (som inte behöver ha ett uns sanning i sig). Snälla, rara – släpp dem! Föreställ dig att de är såpbubblor. Du vet hur en bubbla lyfter mot skyn och spricker. Borta – den finns inte mer.

Retorik

Byt orden i dina tankar så att du kan styra vardagen. Tanken föder bilder som i sig föder känslor.

Föreställ dig att du är överhopad med jobb. Vilken känsla skapar det i din kropp?

Vilken känsla skapas i din kropp när du drömmer om något? Som den här katten, som drömmer om att fånga fisken.

Det tog mig cirka tre månader att skapa en onlinekurs. Under ett antal år skapade jag trettio olika kurser. Ett omfattande jobb. Om jag hade tänkt negativt hade jag förmodligen aldrig kommit till skott. Tänk aldrig:

— Åh så mycket jag har att göra!

Byt ut! Tänk i stället exempelvis:

19

— Om tre månader kan jag erbjuda den här fina kursen.

Den tanken gav mig energi. Noggrann planering verkställde skapandet.

Om du i stället för ordet *överhopad* byter mot ordet *kreativt* eller *efterfrågad*, eller något annat ord, vad händer då i kroppen? Ord berör! Många blir fortfarande påverkade av Martin Luther Kings strof:

> *"— Jag har en dröm ..."*

Ord och tankar påverkar dina känslor. Stora ledare arbetar med retoriken. Retoriken är indelad i tre delar som hjälper talaren att framföra något övertygande. Du kan använda tekniken när du talar till dig själv eller tänker. Retoriken är:

1. *Inventio (Samlandet):* I inventio samlar talaren in ämnen och argument som kan behövas för talet. Genom att ställa frågor som "vad?", "vem?", "när?", "var?", "hur?" och "varför?" identifieras relevanta ämnen och argument.
2. *Dispositio (Strukturerandet):* I dispositio disponerar talaren sina ord. Här funderar du över ordningsföljd och innehåll. Det handlar om att strukturera talet på ett logiskt sätt.
3. *Elocutio (Formulerandet):* I elocutio skapar talaren det språk som passar bäst. Du väljer uttryck och ord som är lämpliga för talets syfte. Här formuleras själva texten.

Utöver ovanstående tre delar finns även *memoria* (instuderandet) där talaren lär talet utantill och *actio* (utförandet) där talet framförs med lämpligt tonfall, kroppsspråk och text.

En dröm är rosaskimrande. Genom orden i dina tankar kan du antingen dra ner ditt välbefinnande eller välja ord som får dig att må bra.

 Skruva upp glädjen! Föreställ dig att orden i ditt huvud är en radiokanal. Du kan byta kanal. Välj den kanal som skapar glada tankar och känslor?

Superlativen, det vill säga hur du beskriver något, handlar om ord. Att skratta, skapar ökad glädje. Enligt forskningen kan du lura  dig själv att tro att du verkligen är glad (även om det lurar något annat i vassen). Ställ dig framför spegeln och skratta.

Plocka fram ett kraftuttryck, exempelvis *magnifik, fenomenal* eller liknande. Det är adjektiv som hjälper dig att sätta saker i ett annat sammanhang. Hur är din dag när den är fenomenal?

Ljug för dig själv. Lögner är normalt inte tillåtna men undantaget är att ljuga för att du ska bli glad.

Övning – Byt ut adjektiven

- Ta fram papper och penna.
- Vad säger du högt?
- Hur ofta ropar du BRA, till dig själv?
- Träna att byta ut orden genom att göra följande övning.

Byt ut ord såsom

Negativt	Positivt
Deprimerad	Mysig
Besviken	Taggad
Äcklig	Annorlunda
Fruktansvärd	Ovanlig

21

Använd dina egna ord och byt dem! Träna om och om igen. Förstärk positiv värdering och radera bort negativa ord. Hitta alternativ som gör livet spännande. Slå upp motsatsorden i en synonymordbok. Här är några positiva påståenden:

- — Idag är jag en pantertant!
- — Just idag är jag glad för solen skiner
- — Idag såg jag snödroppar
- — Jag känner mig brilliant

Skaka bort Jante och Luther från axlarna och ta till dig detta.

Lycka och framgång med hjälp av tidslinje

Du behöver ha en tidslinje för att förstå vad och hur du vill uppnå dina mål. Ett vanligt mål är att uppnå lycka. Hur ser den processen ut för dig? Vad skapar din lycka? Lycka är olika för oss alla. Fokusera på din egen lycka.

Övning Tidslinje

Gör en tidslinje med fem punkter, på papper. Så här:

1. Dra en rak linje rakt över papperet
2. Rita eller klipp ut en bild av dig själv
3. Klistra in den i ena änden av linjen på papperet
4. I den andra änden placerar du en bild över något som du vill uppleva och uppnå

Exempelvis: Jag vill bli rörligare som du ser av min bild ovan. Fundera över vad du behöver göra för att uppnå det som du klistrat in som bild. Skriv sedan in fem svar på frågan VAD. Dina svar ska bli små milstolpar. Exempelvis:

1. Planera in tid i kalendern.
2. Studera övningarna. Här kan du gå vidare i dina vad-frågor och definiera vilka övningar du ska göra och vad du ska göra för varje punkt.
3. Testa övningarna!
4. Se till att få kontinuitet i träningen. Hur ofta ska du öva? Varje vecka, dag?
5. Mäta hur du lyckats. På vilket sätt kan du mäta detta?

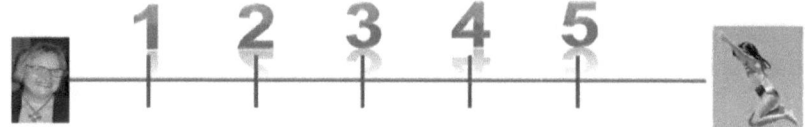

Visualisering hjälper. Du kanske hittar flera saker du vill uppnå. Bli en bättre golfare, bli rikare, resa, dansa och mycket mer.

Sway La Qi

I den här boken får du tips om två olika metoder inom Chi Neng Qigong; *Sway La Qi* (som är en enkel form av Qigong) och *Lyft Upp Qi*.

Sway La Qi består av sex övningar som mjukar upp kroppen och skapar energi. Du utför övningarna beroende på vad din kropp tillåter.

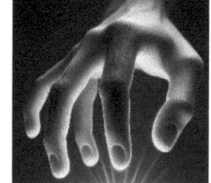

1. **Skuldrorna:** Rotera skuldrorna sakta och medvetet, framåt respektive bakåt. Håll huvudet stilla, rakt fram. Minst tio rotationer åt varje håll.
2. **Handflatorna som strykjärn:** Stå eller sitt rakt med händerna hängande längs sidorna. Handflatorna pekar inåt låren. Rotera handflatorna så att fingrarna pekar framåt och handflatorna är parallella med golvet. Sträck ut fingrarna utan att spänna dem. För händerna sakta framåt (en handflatas bredd) och sedan bakåt. Föreställ dig att handflatorna är som strykjärn. Gör detta minst tio gånger.

3. **Armarna lyfts rakt utåt sidorna:** Stå eller sitt med händerna avslappnade och handflatorna inåt låren. Lyft armarna sakta rakt utåt till en rak linje och upp till axelhöjd. Låt dem sakta gå  ner igen (ungefär som om du hade vingar.) Gör detta minst tio gånger.

4. **Armarna diagonalt uppåt och låt handflatorna passera kroppen neråt:** Lyft armarna diagonalt uppåt (som om du skulle lyfta något tungt). Fortsätt rörelsen, upp över huvudet. Låt fingrarna mötas i Lucia-ställning. Öppna upp händerna men behåll fingrarna mot varandra och  föreställ dig att handflatorna är regnet som faller ner över huvudet. Vänd handflatorna inåt mot ansiktet på vägen ner och låt händerna sakta gå ner till naveln. Tänk att armrörelsen ska vara äggformad. Upprepa tio gånger.

5. **Händerna bakom huvudet:** Knäpp händerna bakom huvudet/nacken eller låt dem vila runt nacken. Armbågarna pekar utåt. För sakta ihop armbågarna framför dig och för sedan ut dem igen. Tänk larv när 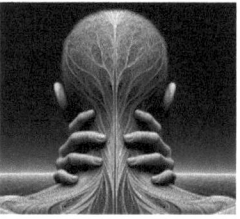 du kryper ihop och fjäril när du sträcker ut. Eller föreställ dig hur en fjäril slår med vingarna. Upprepa tio gånger.

6. **Energibollen:** Föreställ dig att du håller i en boll (med storlek som en barnboll). För händerna sakta ut och in som om du expanderar respektive krymper bollen. När du gör detta kan du föreställa dig att du har en magnet mellan händerna. När du trycker ihop dem ska du känna motstånd. När  du expanderar ska du känna en magnet på utsidan som håller emot. Upprepa minst tio gånger. Den här övningen – Energibollen – är suverän när du vill ha mer energi eller mår dåligt. Du kan göra den liggande i sängen vid feber.

Om du vill se en film baserad på dessa övningar, välj YouTube: **https://www.youtube.com/watch?v=swS4-27NWxo**

Lyft upp Qi - introduktion

För att bilda dig en uppfattning om programmet "*Lyft upp Qi*" som ingår i Chi Neng Qigong, får du här en länk till en film på YouTube **https://youtu.be/vReLcOi09Pw?si=ClqanbR3FUM_II97** med min mentor Master Wei (Wei Qi Feng Laoshi) från Kina.

I filmen beskriver han hur *Lyft upp Qi*-programmet ser ut. Metoden består av fem olika delar:

1. Öppning (del 1)
2. Del 2
3. Del 3
4. Del 4
5. Stängning (del 5)

Sätt dig bekvämt och titta på YouTube-filmen. Observera varje rörelse som har ett syfte och hjälper till att bota eller förbättra något i kroppen. Beroende på dina behov kan vissa övningar vara viktigare än andra. Du behöver fokusera på insidan av kroppen när du gör övningarna, eftersom rörelsen påverkar det inre. Vad händer i din kropp vid varje rörelse? Ju mer känslomässigt fokuserad du är på vad som händer i kroppen, desto lättare är det att stänga av tankarna. Du ersätter dina tankar med rörelseminnet.

Summering Introduktion

Detta har ingått i introduktionsdelen:

- En kort översikt av vad Chi Neng Qigong innebär och innehåller
- Hur du kan "tysta" aporna i ditt sinne
- Hur du kan omvandla dina ord och tankar för att styra "aporna" mot glädjefulla dagar
- Hur det ser ut när en skicklig handledare utövar Chi Neng Qigong programmet "Lyft upp Qi", som du ska träna på

- Hur du med hjälp av en tidslinje och visualisering kan sätta upp fem milstolpar för att skapa resultat
- Övningarna i Sway La Qi-metoden och introduktion till Lyft upp Qi-metoden

2 Hjärtat i grundprogrammet

Enligt österlänningarna har du således två hjärtan: ditt fysiska hjärta och ett "hjärta" knutet till *Mingmen* (ett område kring 3-4 kotan nerifrån). För att Qigong ska fungera, måste du praktisera med hela hjärtat, dvs vara fullt fokuserad.

En av mina duktiga mentorer från Kina, *Li Hongshi,* talar om essensen av att praktisera Qigong i länken nedan. Filmen är på engelska och ljudkvaliteten är tyvärr väldigt låg.

https://www.youtube.com/watch?v=E1YutYmglUo

Nedan bifogas en kort översättning och sammanfattning av vad han säger.

- När du är totalt fokuserad på ditt inre och din Qigong-träning, skapar du harmoni.
- Inriktningen för träningen är att ditt hjärta och resten av kroppen ska vara i harmoni och kroppsdelarna ska samarbeta.
- Li säger att universum älskar oss människor men att vi går i våra egna tankar.
- Om du tar bort aporna/tankarna, kan du göra livet mer underbart.
- Ju mer du praktiserar, desto enklare blir det. Det är, enligt Li, kärlek.
- Du älskar dig själv, andra människor och hela världen, utifrån ditt hjärta!
- Du praktiserar och förbättrar ditt minne, sinne och hjärta.
- Ditt hjärta bär på kärlek.
- När du upplever dig som ett med allt, upplever du också en speciell kärlek från universum.
- Hitta "tillståndet" och du blir "oövervinnelig". Du kommer alltid att känna dig älskad och därmed älskar du tillbaka. Det gör Qigong till något väldigt speciellt och värdefullt.

Sträva efter total kärlek!

Detta tillstånd fanns på sextiotalet i Flower Power-rörelsen. Du som praktiserar Qigong tillsammans med resten av världen kan känna att du är i ett "flow", ett tillstånd, som ger glädje och lycka. En glädje som kommer inifrån. En lycka som gör dig harmonisk och tacksam. Genom att få in detta i kroppen, skapar du en skön känsla av välbefinnande. Det är det tillståndet du ska leta efter. Finn din inre harmoni!

I boken får du lära dig om olika punkter på kroppen, om österländska filosofier omvandlade till svenska förhållanden, samt rörelserna och avslappning.

Energi skapas av små rörelser. Chi Neng Qigong tar energin från naturen. Eftersom du består av en viss procent av vatten, skapas energi inom dig.

Qigong handlar om upplevelser. En annan intressant metodik är *Feldenkrais* som handlar om förnimmelser. Du får tips för mental träning och rörelser, mindfulness, avspänning och avslappning, samt olika qigongrörelser. Glöm inte att repetera! En av de mentala verktygen handlar om ditt andra hjärta - *Mingmen.*

Chi Neng Qigong påverkar ditt hjärta som i sin tur påver-  kar din Qigong-träning. Du skapar en speciell kärlek till allt och alla, enligt Li. Det är inte förrän du älskar dig själv fullt ut som du kan älska andra. När du tränar ska du ha ett stort "leende".

Tungan

 Träna på att slappna av i ansiktet. Det gör du genom att låta tungan hänga som en hängmatta i munnen. Placera tungspetsen bakom framtänderna.

När du stänger munnen ska tungan bli kvar bakom tänderna samtidigt som du bibehåller leendet. Ha munnen aningen öppen. Lägg märke till att du - när du gör så - inte kan spänna käkarna, utan slappnar av i ansiktsmusklerna.

Vetenskap enligt Einstein

Einstein definierade formeln: $E=mc2$. Den innebär att energi är lika med massan, multiplicerad med kvadraten på ljushastigheten. Denna formel påvisar att materia är lika med energi. Materian kan omvandlas till energi och energin kan omvandlas till materia.

Daode

Sättet du lever ditt dagliga liv kallas för "*Daode*". *Dao* betyder materia, eller det ämne som din existens kommer av, "de" står för funktion.

Dagliga övningar

De grundläggande övningarna i Chi Neng Qigong är relativt enkla. Du kommer snabbt att lära dig programmet på en ytlig nivå. För att lära dig fullt ut, behöver du träna mycket, framför allt mentalt. Qigong är att rekommendera för sjuka människor. Du behöver endast avsätta lite tid och energi för att få utbyte och vinst av Qigong.

Om du vill skapa resultat genom att öva, träna dagligen. Träningen ger dig daglig service för kroppen. Du rengör, slappnar av och stärker kropp och själ. Det är inte viktigt vilken tid på dygnet du tränar. Följ magkänslan. Däremot är det viktigt att du väljer en plats och tid där du kan träna utan avbrott och med fullt fokus.

Ta fram din kalender och boka in din dagliga träning - varje dag! Du får även tips för ditt mentala välbefinnande, övningar som inte har med Qigong att göra, men som hjälper dig.

Tankarna

Tankarna är således som apor. Ibland blir de hajar. Tankar är fantasier. De uppstår, baserat på sådant som du redan känner till. Med hjälp av meditation kan du skapa tankar kring din framtid; tankar utan sjukdom, utan elände.

Aporna/tankarna lever sitt eget liv. Kan du tysta dem, upplever du din kropp och dina känslor på ett annorlunda sätt. Som min kinesiske mentor *Li Hongshi* påtalar om och om igen: Tankar är hjärnans språk, känslor är kroppens.

Du måste stänga av tankarna för att förändra känslorna.

Om du inte skapar en vision av framtiden, kommer du att vara kvar i ditt förflutna. Du blir förutsägbar. Personer som minns problem och väntar på elände, har en kropp som upplever att den är i gårdagen.

Som *Joe Dispenza* (en annan av mina mentorer) säger: "Det krävs bara en tanke och känsla, ett minne, en stimulans och ett svar, för att starta processen. Du tänker på samma sätt som dagen innan, vilket i sin tur startar kemikalier i din kropp som gör att du känner dig olycklig. Hjärnan återkopplar och ger dig ännu mer tankar kring hur eländigt du mår."

Eftersom tankar är fantasier och bygger på sådant som du redan känner till, borde du, med hjälp av meditation, kunna skapa tankar kring din framtid; tankar utan sjukdom, utan elände.

Övning Tankar som hajar

Titta på bilden. Du ser en människa som crawlar. På botten, under honom simmar en haj. Vilka tankar och känslor skapar bilden inom dig?

Skriv ner dina tankar och känslor på ett papper!

De flesta tankar baserar sig på dina värderingar. Om du oroar dig, landar oron i kroppen. Den kan ge dig värk eller andra sjukdomar. Genom att tänka andra tankar eller att sluta tänka, alternativt tänka positiva tankar, slipper du oro. Visualisera positivt!

Fysiologisk test

Ta reda på vad det kroppsliga gör för dig. Denna övning säkerställer att du förstår hur mycket kroppsspråket påverkar din må bra-upplevelse.

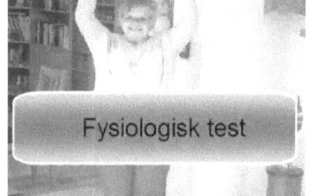

Övning – Fysiologisk test

Gör så här:

- Kryp ihop samtidigt som du föreställer dig allt elände du kan tänka dig.
- Känn dig eländig. ... som en säck potatis ...
- Sucka djupt ...
- Sträck dig sedan upp mot taket, le med hela ansiktet.
- Säg högt: — *Fy sjutton vad jag mår dåligt!*
- Går det att må dåligt när du sträcker ut kroppen?
- Sträck kroppen mot himlen.
- Le stort och ropa: — *Hurra, vad jag är glad!*
- Lägg märke till att du faktiskt inte kan må dåligt när du sträcker upp armarna mot skyn och samtidigt ler eller skrattar med hela ansiktet.

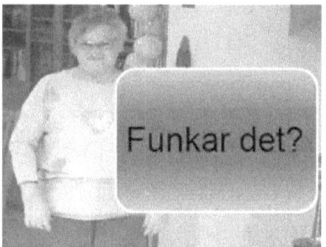

Upprepa denna övning VARJE dag, flera gånger om dagen.

Ställ dig framför spegeln och skratta eller le. Säg till dig själv, varje dag: — *Hallå snygging – jag gillar dig!*

Hur tokigt detta än låter, har forskarna kommit fram till att det gör underverk med oss. Kroppen kan hjälpa dig må gott. Vad kan du uppnå genom denna lilla övning?

Några intressanta frågor och tips

En av de stora mästarna - *Ooi Kean Hin* - har skrivit en bok med svar utifrån 578 frågor som inkommit via e-post till dr Pang Ming. Här är några svar på frågor som kanske du undrar över.

Fråga: När jag stänger ögonen medan jag tränar, känner jag mig ofta dåsig och sömnig. Ibland vet jag inte vilken övning jag håller på med, och det känns som om jag ska falla. Hur kan jag vara mer medveten under hela övningen?

Svar: För att förbättra din medvetenhet under träningen är koncentration nyckeln. Förbli fokuserad på varje del av övningen. Utför rörelserna seriöst och var uppmärksam på varje rörelse och de specifika akupressurpunkterna för varje övning.

Fråga: När jag är frustrerad, kan jag inte få tyst på "aporna". Ska jag ändå fortsätta praktisera?

Svar: Det är viktigt att du fortsätter att praktisera även när du är frustrerad. Jag vill att du ska lära dig att medvetet förändra dina aktiviteter. När du känner dig känslomässigt upprörd och inte kan fokusera tillräckligt, gör övningarna! Lugna dig själv genom de dynamiska övningarna. På så sätt kan du komma ur din frustration.

Fråga: I Lift Upp Qi-övningen låter jag händerna glida upp och ner. Vad är meningen med detta?

Svar: Om du lyfter upp dina handflator medan du utför de glidande rörelserna, bryter du flödet mellan händerna och naturen. Det är viktigt att du optimerar energi och flöde genom dessa handrörelser. *Dessutom påverkar rörelserna blodtrycket!*

Riktlinjen för Qigong är att skapa en sund kropp och själ. För att tysta "aporna" kan du använda följande "nyckel":

- Praktisera Qigong även i sinnet, inte bara kroppsligen.
- Förbli avslappnad. Du kommer att lära dig hur du slappnar av genom att träna på de åtta verserna.
- Om du inte kan kontrollera din mentala aktivitet (tankarna), testa att tyst recitera följande: "*hun yuan ling tong*" (som en monoton ramsa). "*Hun yang*" refererar till naturens energi (Qi) som är kopplad till vår. "*Ling tong*" betyder "väldigt effektiv", vilket innebär att du genom detta får "ett gott resultat" av din träning – se nedan.

Monoton ramsa vid meditation

För att "tömma huvudet" och därmed öka effektiviteten för din träning, kan du öva på den monotona ramsan. Följ dessa steg:

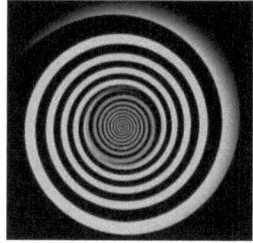

1. Sätt dig bekvämt och upprepa den monotona ramsan: — *Hun yang ling tong!* Förläng ng-ljudet så mycket som möjligt för att göra ramsan hypnotisk.
2. Använd ramsan som ett mantra under meditation, eller för att släppa tankarna och fokusera på stunden.
3. Under qigong-övningarna kan det vara fördelaktigt att upprepa denna monotona ramsa.

Genom att följa dessa enkla steg kan du integrera en ramsan för att främja inre stillhet och fokus.

Fötterna

Här får du en övning för att skapa balans i fötterna, vilka utgör *"dina rötter"*. Du kommer att arbeta med visualiseringsövningar.

Föreställ dig att dina fötter sträcker sig djupt ner i marken, långt ner i jordens innandöme.

Testa det du lär dig om fötterna genom att träna på att balansera dem. Lär dig känna in varje del av foten, från tårna, via trampdynan till hälarna. Öva på att spreta och knipa med tårna.

Träna på att dra in naveln, rulla bäckenbotten framåt och pressa ut *Mingmen*.

För att utöva qigong effektivt är det viktigt att du kan stå balanserat. Därför ska du fokusera på fötterna.

De sju statistiska verktygen

Har du någonsin stått eller gått på ett golv där dina fötter har "fått stryk", vilket innebär att du har blivit extremt trött i dem? Har du någonsin promenerat och fått en sten i skon? Förmodligen har du då tagit av dig skon och tömt ur stenen, eller hur? Ibland står du kanske fel och blir extremt trött i kroppen.

Många människor har, som jag brukar säga, "stenar i skon" utan att ta bort dem. Det handlar givetvis om andra saker än en fysisk sten. De åtgärdar inte problemet, vilket resulterar i att hela kroppen mår dåligt. Något gnager obehagligt.

När jag arbetar med effektivitet brukar jag använda ett *Ishikawa*-diagram. Det liknar en fisk där problemen benas ut. Detta diagram kallas också för *"De sju statistiska verktygen"* och fungerar riktigt bra när du vill "bena ut dina problem". Här ser du verktyget.

Du skriver in egna huvudrubriker. De behöver således inte

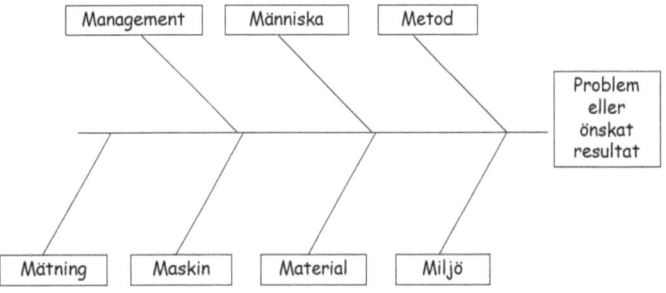

De sju statistiska verktygen

vara desamma som du ser här på bilden. Sedan fyller du i alla ben du kan komma att tänka på, se nedan.

Ofta kommer du tillrätta med problemen när du "ser" dem. Som exempel kan jag nämna ett av mina problem; att bli färdig med allt efter vår stora flytt. Så här skulle det bli.

Management

Det är jag som beslutar och styr men jag behöver ha vissa professionella yrkespersoner till hjälp.

Människa

En sådan yrkesperson är en elektriker och givetvis flyttkillarna som bär.

Metod

Jag behöver detaljerat planera varje punkt för att få ordning, genom en kalender eller ett projektverktyg.

Mätning

Genom att använda kalender eller projektverktyg kan jag mäta hur arbetet fortskrider.

Maskin

Jag saknar vissa verktyg eftersom jag gav bort dem i samband med flytten. Borrmaskin, kablar och krokar behövs. Dessa måste antingen köpas in eller tillhandahållas av yrkespersoner.

Material

Se ovan angående verktyg. Små kartonger och liknande för förvaring behövs samt nya möbler och förrådssaker.

Miljö

Här kan jag specificera för de olika rummen, exempelvis

- Tavlor på kontoret
- Rensning i bokhyllorna
- Rensning i lådorna
- Lampa i kontorstaket
- Bokhylla i vardagsrummet rensas
- Hurts i köket köps in – i vilken jag kan förvara katt- och hundmat
- Skåp i badrummet köps in (idag har jag en gammal byrå där)
- Sortera in saker i badrumsskåpet
- Eventuell hylla eller skåp i sovrummet köps in
- Sortera in i hyllan/skåpet i sovrummet

Övning – Ishikawa-diagrammet

Du kan testa diagrammet och skriva in något problem. Var noga med att skriva allt och se till att det "sura huvudet på fisken" försvinner.

Fötter och knän

När du arbetar med qigong, behöver du lära dig att stå rätt. Därför inleder du alltid träningen med en uppvärmningsövning där du fokuserar på fötterna.

Börja med att känna in fötter och händer. Knip respektive spreta med tårna. Gör samma sak med händerna; knip och spreta med fingrarna. Förslagsvis gör du detta samtidigt (för både händer och fötter).

Hur står du på foten? Foten är inte platt. Som reumatiker, använder jag inlägg i skorna för att balansera upp foten och lyfta hålfoten. Förr i tiden kunde jag ha höga klackar men det skulle aldrig fungera idag. Det är intressant hur du kan påverka dina fötter med små, enkla metoder. Står du rakt? I så fall kanske du svankar? Fundera!

Föreställ dig att du ska ha mjuka knän. Slappna av i knäna. Luta lite bakåt och häng med rumpan – ungefär som de gör när de dansar gammeldansen Snoa.

Du har säkert lärt dig att du ska lyfta tunga saker med böjda knän? Det viktigaste av allt är att bäckenbotten ska skjutas framåt. Jämför bilderna nedan.

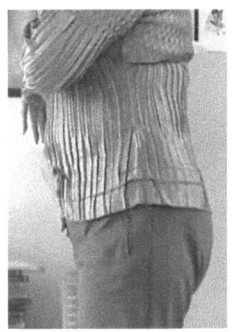  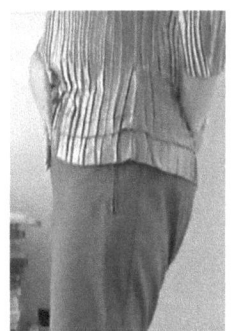

1) Raka ben
2) Böjda ben (svanken rätas ut)
3) Bäckenbotten skjuts fram

Tryck in naveln och föreställ dig att den skjuter ut i bakre partiet (det som kineserna kallar *Mingmen*).

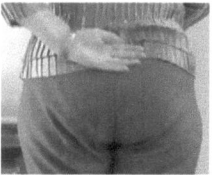

Övning – Fötter och händer
Placera fötterna ihop så gott du kan:

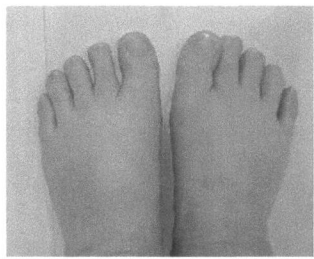

1. Förflytta tyngdpunkten till tårna. Stå på tårna.
2. Förflytta sedan tyngdpunkten till hälarna. Luta dig tillbaka på hälarna.
3. Tryck ner trampdynorna i golvet! Känn hålfoten!
4. Försök placera dina fötter så att de har kontakt med golvet. Hela foten i golvet, både tårna, trampdynan och hälarna.
5. Rulla fram och tillbaka och känn in. Glöm inte att stå med böjda knän! Jobba med *Mingmen* och bäckenbotten.
6. Spreta med tår och fingrar – så mycket du kan!
7. Dra ihop fingrarna till en boll och dra ihop tårna så mycket du kan.
8. Upprepa genom att göra övningen: Ut – in – ut – in osv.

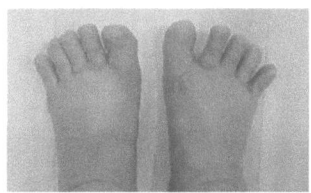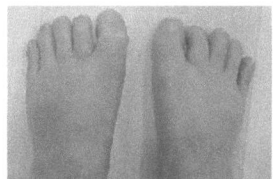

Utgångsställningen

När du börjar med Qigong behöver du starta med en utgångsställning. Utgångsställningen inleder ditt träningspass och påbörjar resan med Qigong som energistärkande övning.

Ställ dig med fötterna plant mot golvet, knäna svagt böjda, naveln in, *Mingmen* ut och bäckenbotten framåt. Kropp och ryggrad ska vara raka.

Fingertopparna längs med låren och handflatorna inåt. Hakan ska vara in mot kroppen så att nacken blir sträckt. Upplev att du är upphängd i en tråd från toppen av huvudet. Dra i en hårtuss mitt uppe på huvudet. Slappna av och sänk axlarna! Vill du se instruktionen, välj Youtube:

https://youtu.be/g5_CtCJIAbI

Övning – Utgångsställning

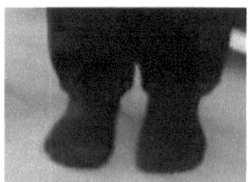

- Tänk på hur du står! Fötterna ska vara plant mot golvet. Försök håll ihop dem om du kan, men det går bra oavsett hur du står.
- Böj lite på knäna. Dra in naveln och skjut bäckenbotten framåt. Jämför bilderna nedan. Vänster = svank. Höger = böjda knän.

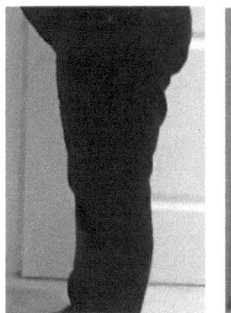
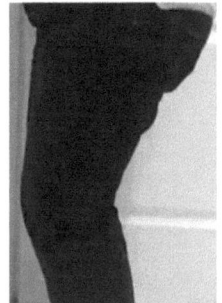

- Låt händerna hänga vid sidorna med handflatorna avslappnade och långfingrarna pekande in mot låret.
- Föreställ dig att du har ett snöre från naveln till en punkt mellan den tredje och fjärde kotan i ryggraden.

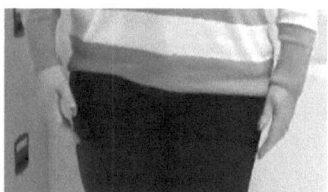

Detta är utgångsställningen! Stå så en stund och blunda gärna.

Uppvärmning

När du utövar Chi Neng Qigong startar du i utgångsställning och gör uppvärmning varje gång.

Använd fem uppvärmningsrörelser varje dag. Unna dig 10-15 minuter om dagen för dessa rörelser, och din rörelseförmåga kommer att förbättras direkt.

Rörelserna väcker de inre organen samtidigt som de får energin att flöda i kroppen. Du kan känna detta när du tränar händer och fötter och efter en stund märker att du blir varm i kroppen.

Rörelserna är även utmärkta ifall du behöver värma upp inför en joggingrunda, en sportaktivitet som golf eller liknande. Om du har problem med blodcirkulationen är de också utmärkta. Tidigare frös jag ofta om händer och fötter tills jag började med dessa rörelser.

Testa uppvärmningsövningarna varje dag. När du börjar med qigong-träningen starta med uppvärmning. Fem övningar är lagom. Börja med utgångsställningen. Gör varje moment tio gånger och öka successivt till 25 gånger.

Övning – Uppvärmning

Den första övningen hjälper dig få i gång dina njurar och inre organ. Vill du se detta, välj Youtube: **https://youtu.be/cYGAlBIohMU**

1. **Väck njurarna och de inre organen genom att rotera händerna som karuseller runt kroppen**
   a. Låt kroppen vara stilla och snurra händerna som karuseller runt kroppen.
   b. Daska försiktigt på ytan vid kotan i höjd med *Mingmen* för att väcka njurarna. OBS! En hand roterar fram när den andre roterar bakåt.
   c. Slappna av och skaka loss.

2. Lyft händerna utåt mot sidorna i 45 graders vinkel och pumpa ut gammal energi

a. Öppna upp armarna i en ca 45 graders vinkel.
b. Rörelsen börjar i ryggen och styrs genom rygg-muskulaturen.
c. Föreställ dig att du har ett hål i handflatan vid hand-leden.

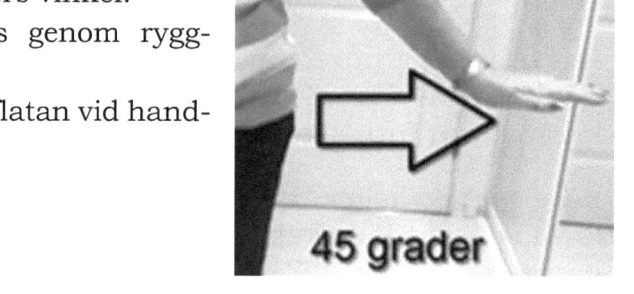

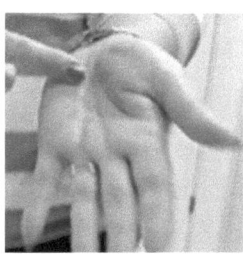

d. När du pumpar handflatan neråt, styr du via bröstryggens mittparti. Föreställ dig att du har en boll eller apelsin mellan skulderbladen.
e. Du ska INTE höja axlarna utan låta bröstryggens skuldror pumpa armarna neråt.

f. Du drar skulderbladen bakåt.
g. Pumpa ut gammal energi genom hålet i handflatan.
h. Gör detta 25 gånger!

3. Spreta och knip med händer och fötter

a. Armarna ska vara rakt ut i en rät vinkel (ca 90 grader).
b. Bröstkorgen öppen.

c. Spreta och knip ihop fingrarna.

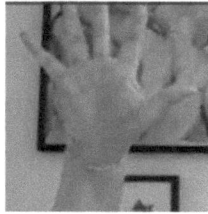 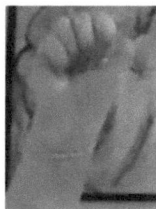

d. Samtidigt gör du likadant med tårna, spreta och knip.

e. Du bör bli varm när du pumpar energin.

f. Gör rörelsen 25 gånger.

g. Släpp sedan ner armarna och skaka loss.

4. Höft och ryggrad

a. Arbeta enbart med höftpartiet.

b. Rotera höften via ryggraden och låt armarna hänga löst, rakt ned med handflatorna inåt låren.

c. Det är ryggraden som jobbar.

d. Resten av kroppen ska vara stilla.

e. Gör 25 rotationer med höften.

f. Slappna av och skaka loss.

5. Knärotationer och fotmassage

a. Böj dig framåt och lägg händerna på knäna.

b. Rotera knäna först åt ena hållet, sen åt andra.

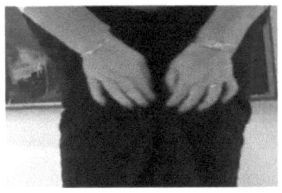

c. Gör rörelsen i en cirkel och låt *Mingmen* (partiet i nedre delen av ryggraden) lyfta upp rörelsen bakåt.

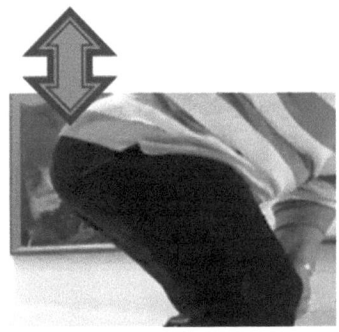

d. Föreställ dig att du är *Karlsson på taket* och ska flyga med övre delen av rumpan.
e. Samtidigt masserar du fötterna mot golvet.
f. Gör rörelsen 25 gånger åt ena hållet och 25 gånger åt andra.

Använd dessa rörelser varje dag. Du kan börja med tio (10) gånger för varje rörelse initialt, men målet är tjugofem (25) gånger per rörelse.

Sammanfattning grund

Ovanstående är grunderna i Chi Neng Qigong-programmet. Du kopplar detta till vikten av din fysiologi, som påverkar ditt välbefinnande. Du har tränat fötterna, balansen och uppvärmning med fem övningar som du kan praktisera varje dag.

Du har fått en visualiseringsövning som tillsammans med attraktionslagen kan påverka dina framtida drömmar och omvandla dem till mål.

I kapitlet fick du instruktioner om utgångsställningen, det vill säga hur du står när du startar Qigong-programmet. Uppvärmningsrörelserna hjälpa dig att skapa energi. Avsluta dem genom att lägga händerna på naveln. Lägg vänsterhanden närmast naveln om du är man och högerhanden närmast naveln om du är kvinna.

3 Lyft upp Qi-programmet

Lift Qi Up & Pour Qi Down

Så heter programmet på engelska. Det betyder (fritt översatt): *Lyft upp Qi (energin) och låt Qi regna ner,* dvs hur du kan "duscha" dig med energi. För att få en tydligare bild, rekommenderar jag dig att börja med att kika på den här filmen:

https://www.youtube.com/watch?v=1W_TtxgFzaY

Lägg märke till följande:

- Armrörelserna
- Benrörelserna
- Avslutningen - hur han avslutar med att hålla händerna mot naveln

Träna händernas placering över naveln

OBS! Beroende på om du är man eller kvinna, lägger du händerna över naveln på olika sätt.

- Som kvinna: Har du högerhanden närmast naveln.
- Som man: Har du vänsterhanden närmast naveln.

Träna på hur du lägger handen på naveln! Tänk även på att slappna av i tungan, vilket gör att du slappnar av i ansiktet.

Gör så här:

a. Sträck ut dina händer som om du skulle omfamna någon, med sänkta armar och axlar.

b. För - ytterst sakta - armarna in mot naveln.

c. Lägg "rätt" hand närmast naveln (beroende på om du är man eller kvinna).

Träna detta varje dag! Du kan göra den här lilla övningen varje morgon (krama om dig själv) och varje kväll! Samtidigt kan du säga till dig själv (gärna med kinesisk brytning och ett stort leende):

— *I love you!*

Användbara uttryck

Qigong handlar om rörelser, sinne och om en oändlig kärlek till allt i världen. Teorin är ett tillstånd – ingen kunskap.

- Yiyanti: (Qi i hjärnan och i nervsystemet) upplevs som ett hav, en ocean
- Yishi: Medvetenhet

Punkten under armhålan kallas för *Dabao* och punkten mellan ögonbrynen heter *Yintang*. När du gjort övningarna kan du avsluta med att säga:

— *Hao La!*

Det kinesiska begreppet "*Hao La*" (好啦) betyder "Bra" eller "Okej" på svenska. Ordet används ofta som en bekräftelse eller för att indikera att något har gjorts korrekt eller avslutats på ett tillfredsställande sätt.

Det finns några fler ord som kan vara användbara när du utövar Chi Neng Qigong. Dessa är:

Rygggradsslutet/ländryggen	Mingmen
Punkten under armhålan (på 7e revbenet)	Dabao
Punkter under nyckelbenet	Qihu
Punkten mellan ögonbrynen	Yintang

Punkten vid handloven (ytterst)	Shenmen
Punkten mitt på långfingret (översta leden)	Zhongkui
Punkten bak, under skallbenet	Yuzheng
Punkten mitt på huvudet (upptill, ett finger bakåt)	Baihui
Punkten under sista revbenet (gör ont vid tryck)	Jingmen
Hjärnan	Yiuanti

Mingmen - ditt inre palats

Ditt inre palats, beläget innanför ditt andra hjärta, är en plats som du behöver visualisera. Med beskrivningen nedan vill jag hjälpa dig att förstå och föreställa dig detta område.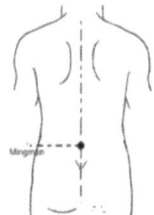

Du har ett vanligt hjärta och *Mingmen*. *Mingmen* är ett område vid tredje och fjärde kotan nerifrån ryggraden. Ditt inre palats visualiseras på följande sätt:

1) Lägg dig plant på golvet.
2) Föreställ dig en linje, som en tråd, mellan naveln och *Mingmen*.
3) Pressa *Mingmen* mot golvet.
4) Tryck lätt med långfingrarna mot nedre delen av naveln.
5) Föreställ dig en tråd som går rakt igenom dig, från huvudet ner till bäckenbotten.
6) Visualisera ditt inre palats mellan denna hängande tråd och *Mingmen*, ungefär 8 cm in i kroppen.

Ditt inre palats!

Mellan dessa punkter, finns ditt inre palats. Träna på att visualisera denna inre plats, där all din lycka och energi samlas och sprider sig genom kroppen. Tänk inte, visualisera enbart!

45

Varför är vi här?

En viktig fråga i livet är: Varför är vi här? Svaret kan vara Qi. Qi är livet. Qi är som en atom, en partikel eller en kärna. Allt runt oss är energi, vilket är komplext, som kvantfysik. Tänk på hur växter återvänder år efter år.

Kineserna upptäckte detta långt före byggandet av pyramiderna. De förstod hur allt hängde samman och varför. Då kom *Mingmen* in i bilden, en del av kroppen som vi västerlänningar sällan hört talas om.

Små, små rörelser skapar energi. Du tar energi från naturen och byter ut den gamla energin mot naturens nya. Energin finns alltid runt dig. Du består till stor del av vatten. Om du lyckas stänga av de "tjattrande aporna/tankarna" kan du uppleva mer genom rörelserna.

En annan intressant metodik är *Feldenkrais*, som fokuserar på förnimmelser. Upplev dig själv, din kropp och din energi, inifrån. Chi Neng Qigong är inte enbart rörelser, utan även mental träning, mindfulness, avspänning och avslappning med mera. För att behärska metoden, behöver du repetera den. Qigong handlar i grunden om energi och har studerats och praktiserat i över fyratusen år. Det tar tid att lära qigong. Qi betyder energi och gong betyder antal gånger.

På 1960-talet startade forskningsstudier kring bioelektricitet (kroppens elektricitet). Du påverkar energin med hjälp av tankar, känslor, aktiviteter, kvaliteten på andningen, maten du äter samt din livsstil. Elektriciteten som omger dig påverkas av strålning som du utsätts för.

Om du vet hur du kan styra och påverka ditt liv, skapar du förutsättningar för ett mer behagligt liv. Kom ihåg att du är en viktig del av naturens cyklar. Motarbetar du dessa, blir du sjuk. Kineserna kallar detta för *Dau* och *Tau*. Via akupunktur, akupressur, massage, meditation och qigong-övningar kan du påverka hälsan.

Inom österländsk filosofi är man övertygad om att qigong kan bota sjukdomar och stärka både kropp och själ. I den västerländska civilisationen är vi mer skeptiska, men jag har använt mig av qigong i snart tjugofem år och är numera övertygad eftersom qigong delvis minskar smärtan av min reumatism.

Du använder framför allt sinnet för att styra energin i kroppen. Då riktar sig energin mot specifika organ. Använd tankekraften för att rikta energin mot exempelvis en inflammation i kroppen. Använd fantasin för att driva energin i ligamenten. Förstärk tankekraften, andningen och de fysiska rörelserna. Dessa imiterar ofta naturens och djurens förmåga.

Dantian
Du arbetar med tre olika delar i kroppen.

Övre Dantian

Mellersta Dantian

Nedre Dantian

I nedre *Dantian* lagras energin ungefär som i ett elektriskt batteri. När du mediterar blir denna kraft viktig eftersom du inte har rörelser som förstärker energin. Då använder du nedre *Dantian*, som ett slags batteri. Även om du sitter stilla, leder andningen en rörelse via nedre *Dantian*. Du kultiverar ett rofyllt sinne och förstärker dina spirituella mål i livet.

Du behöver träna både kropp och sinne. *Yin och Yang* är viktiga begrepp. Allt i livet är *Yin och Yang*, det vill säga balans. Du kan använda andningen för att skapa strategi och leda energin till din hud eller ditt inre palats.

Styr andningen genom långa eller korta andetag:

1) Långa djupa andetag når huden, och du kan känna värme och kanske bli svettig.
2) Korta andetag ökar stressen och får dig att känna dig frusen.

Är du stressad, lägg ner andningen i magen och andas långsamt, in genom näsan och ut genom munnen. Behöver du öka energin, öka hastigheten på andningen.

Vid qigong-träning kan du förstärka genom att ta tre korta andetag via näsan och sedan blåsa ut långsamt och länge via munnen.

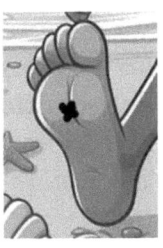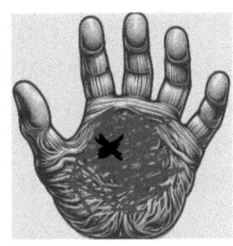Du har punkter som är knutna till detta, en punkt mitt i handflatan och en i fotsulan (vid trampdynan). Dessa punkter är som små hål eller ventiler. Om du masserar punkterna, påverkar du välmåendet och de inre organen samt aura-färgen.

Andningen speglar energin i dina inre organ. Om du påverkar *Yi* (Wisdom Mind), kontrolleras styrkan. Det är din andliga förmåga eller din kropp som visar resultat när du praktiserar qigong. Qigongen får större effekt med hjälp av andningen.

Enligt forskningen styrs våra kroppar av elektromagnetiska fält. Maten och sinnet styr fälten. I förlängningen påverkar du yttre magnetiska fält såsom jordens dragningskraft och molnens påverkan. Vetenskapliga utredningar från 1960-talet konstaterade att våra inre ben påverkades av elektromagnetism. När du blir sjuk, är det denna magnetism som har påverkats. Varje cell i kroppen fungerar som ett elektriskt batteri. Dina muskler och din kropp kan hjälpa till att fysiskt reparera kroppen. För att energin ska flyta mjukt i kroppen behöver du först avlägsna allt som stoppar energiflödet. Till exempelvis kan fett stagnera energin.

Du behöver lära dig slappna av och öppna kanalerna. Därför inleder du alltid ett träningspass med avslappning. När du åldras minskas qi-nivån i kroppen. Genom att lära dig qigong kan du återuppbygga kroppen. Du kan välja hur vattnet ska flöda i kroppen — ska det vara friskt som källvatten eller sunkigt som avloppsvatten? Du måste sakta och gradvis praktisera qigong för att nå alla inre organ. Även hormonerna kan påverka de biokemiska reaktionerna i hjärnan.

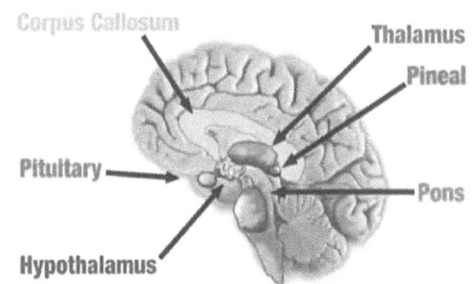

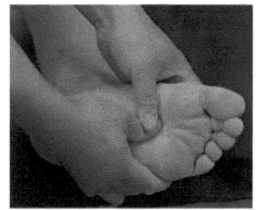 Hormoner är katalysatorer i ditt system. Du kan massera akupressurpunkterna för att må bättre. Längre fram i boken berättar jag om hur jag vid en resa till San Fransisco kunde påverka jetlagen med hjälp av dessa akupressurpunkter. I bilden ser du hur du kan påverka hjärtat om du trycker på ett visst sätt.

De åtta verserna

Detta är en meditativ övning som du startar ditt Qigong-pass med. De åtta verserna används vid utgångsställningen.

Gör så här:

1) Stå i utgångsläge: Fötterna ihop och placerade stabilt på underlaget.
2) Kroppen ska vara rak med lätt böjda knän.
3) Dra in naveln och skjut *Mingmen* framåt (bäckenbotten fram).
4) Håll hakan inåt kroppen och placera tungan bakom främre tandraden.
5) Föreställ dig att du är upphängd i en tråd på huvudet.
6) Ta ett djupt andetag in genom näsan och ut genom munnen.
7) Lägg andningen i magen.

De åtta versernas meditation

Här får du meditationen. Efter varje vers har jag skrivit in den kinesiska texten som kan sjungas. Skriv in denna länk och lyssna på meditationen som sjungs:

https://www.youtube.com/watch?v=zNsgmdfAfco&t=5s

1. **Visualisera:** Föreställ dig att ditt huvud är högt uppe i den blå himlen. Känn hur dina fötter är djupt nere i jordens innandöme, kanske ända nere i Kina. *"Ding tian li di"*
2. **Slappna av:** Låt kroppen slappna av. Föreställ dig att din kropp expanderar åt alla håll och följer dina tankar ut i alla riktningar – långt ut i oändligheten, i universum. Känn dig tyngdlös. *"Xing song yi chong"*
3. **Känn respekt:** Respektera dig själv och din träning. *"Wai jing nei jing"*

4. **Var lugn och tyst:** Låt dina tankar (aporna) vara tysta. Tankarna ska vara stilla som en kristallklar spegelblank bergssjö. *"Xin cheng mao gong"*
5. **Tänk ut i universum:** Föreställ dig en oändlighet utan slut. *"Yi nian bu qi"*
6. **Känn gränserna blekna:** Känn hur dina gränser långsamt bleknar bort och blir ett med universum. *"Shen zhu tai kong"*
7. **Uppmärksamma kroppen:** Lägg din odelade uppmärksamhet på din egen kropp, från toppen på huvudet till fotsulorna. *"Shen yi zhao ti"*
8. **Fyll kroppen med qi:** Föreställ dig hur kroppen fylls med qi (energi). Känn hur den varma glöden av qi flödar genom hela din kropp. Upplev hur din kropp är harmoniskt fylld med qi. *"Zhou shen rong rong"*

Öppningsdelen i Lyft upp Qi (del 1 av 5)

Öppningsdelen är den första av fem delar i Lyft Upp Qi-programmet. Vill du se inspelning med övningen, välj Youtube:

https://youtu.be/RIg7UTumU-E

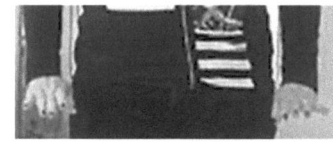

Gör så här:

1) Stå i **utgångsställning**. Du står avslappnad och har inlett träningen med de åtta verserna på svenska – din korta inledningsmeditation.
2) **Huvudet:** Föreställ dig att ditt huvud är upphängt bland molnen.

3) **Fötterna:** Upplev att dina fötter är djupt nere i jordens mylla.
4) **Pressa ut Mingmen:** För bäckenbotten framåt.
5) **Rotera händerna:** Vinkla händerna som strykjärn.
6) **Rörelse:** För händerna framåt och bakåt, långsamt tre gånger.
7) **Sänk händerna:** Låt handflatorna åter vila mot låren.
8) **Lyft händerna:** Som om du bär en tung gryta, upp till navelhöjd.

9) **Handflatorna neråt:** Vänd handflatorna mot marken och låt händerna följa horisontlinjen ut i det blå.

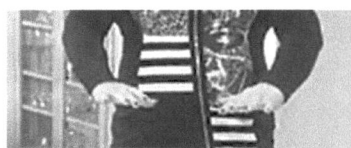

10) **Fortsätt rörelsen:** För händerna bakåt, bakom ryggen och låt dem belysa området med Mingmen.

 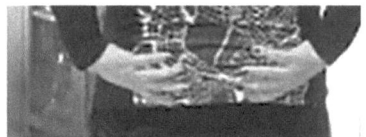

11) **Lyft händerna:** Lyft längs med ryggraden, upp under armhålan. Tryck med långfingrarna mot armhålan.

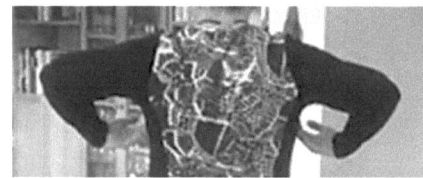

12) **Glöm inte andas!**

13) **Vinkla armbågarna bakåt**.

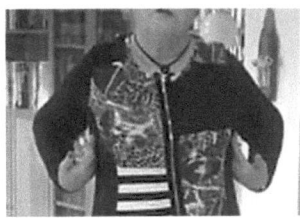

14) **Handflatorna framåt**: Handflatorna riktade uppåt som om du bär qi i dem.

15) **Bär fram qi**: Låt armarna gå lite uppåt.

16) **Handflatorna mot pannan**: Tänk att du riktar dem mellan ögonbrynen.

17) **Vinkla händerna utåt**: Låt armbågarna leda händerna åt sidorna – ut i en rät linje!

18) **Handflatorna neråt:** Vänd handflatorna mot marken/golvet.

19) **Skopa energi:** Vänd handflatorna uppåt igen som om du skopar qi.

20) **Fortsätt uppåt:** Låt händerna stiga mot himlen.

21) **Sträck ut:** Sträck ut ordentligt upp i det blå.

22) **Sätt ihop handflatorna:** Armbågarna ska vara i höjd med öronen.

23) **Dra händerna neråt**: Passera förbi ansiktet.

24) **Fortsätt ner:** Till Lucia-ställning.

Detta är öppningsdelen.

Sammanfattning och summering av grundprogrammet

➢ **Qigong är energi:** Består av små, långsamma rörelser.
➢ **Kort visualisering:** Visualisera dina inre organ.
➢ **Undvik negativa ord:** Använd inte ordet "inte", utan positiva ord.
➢ **Chi Neng Qigong:** Består av fem olika delar.
➢ **Träna fötter och händer:** Knip och sträck.
➢ **Utgångsställningen:** Är viktig för korrekt övning.
➢ **Uppvärmning:** Förbered kroppen innan träning.
➢ **Öppningsdelen i Chi Neng Qigong:** Första delen av fem i Chi Neng Qigong.

Du har fått lära dig mer om vårt "andra hjärta" och hur Qigong utförs tekniskt. Du har fått ordförklaringar på Qigong-begrepp och lärt dig om "ditt inre palats" - *Mingmen*.

Du har påbörjat träningen med de åtta verserna, som du använder för att meditativt starta ditt Qigong-pass. Detta hjälper till att rensa bort "aporna" och "plocka ner andningen" så att du är närvarande i nuet.

Du har fått lära dig den första delen i programmet "Lyft upp Qi", nämligen öppningen.

4 Avspänning, avslappning och Qigong-träning

Det här kapitlet beskriver punkter på kroppen, österländska filosofier anpassade till svenska förhållande, rörelser, avslappning och annat.

När du fyller på energi, gör du små, långsamma rörelser. Du tar energi från naturen och byter ut den mot din gamla. Om du slutar använda hjärnan (aporna), kan du uppleva qigong på ett djupare plan. Qigong handlar om upplevelser.

Inom metodiken *Feldenkrais* används förnimmelser, alltså ett annat slags upplevelser. Genom att utföra vissa rörelser kommer dina inre organ att må bättre. Mental träning och rörelser skapar en större njutningsförmåga.

Du behöver ständigt repetera vissa moment och ett handlar om *Mingmen*.

Avslappning med Feldenkrais

Nedan har du en utomordentlig Feldenkrais-övning som jag själv ofta använder. **OBS! Får inte användas när du kör bil eller liknande.** Den är mycket användbar och kan exempelvis användas så här:

➢ Du som har sömnproblem kan använda den för att somna.

➢ Du som känner stress kan använda den för att slappna av och skapa energi.

➢ Du som vill hitta din dröm eller lösa ett problem kan använda den för att slappna av och komma i kontakt med ditt undermedvetna.

➤ Du som vill meditera kan använda den för att varva ner.

Denna avslappningsövning hjälper din kropp att läka. Tänk på att aldrig göra övningen när du kör bil eller ska utföra något som kräver koncentration.

Övning – Avslappning med Feldenkrais-metoden

En stor mästare, Moshe Feldenkrais, skapade *förnimmelser,* vilka är ett utmärkt komplement till Qigong.

Denna övning har Moshe Feldenkrais utvecklat. Övningen är inspelad på YouTube och du finner den här:

https://youtu.be/AM_ChnS3Zog

Så här börjar den. Lyssna!

1. Sätt dig bekvämt och avslappnat.
2. Placera fötterna stadigt på golvet.
3. Lägg händerna på låren, antingen med handflatorna nedåt eller uppåt så att handryggen vilar mot låren.
4. Slut ögonen.
5. Ta ett djupt andetag in genom näsan och håll andan kort stund.
6. Blås ut genom munnen. Upprepa detta flera gånger.
7. Låt kroppen slappna av och låt axlarna sjunka ner.
8. Fortsätt andas djupt och regelbundet.
9. Föreställ dig dina inre organ och andas med fantasi. Lägg märke till att du andas med magen.
10. Fortsätt andas sakta och behagligt.

Fortsätt att bara vara i nuet. När du är klar, kan du skaka försiktigt på alla kroppsdelar.

Avspänning är djupare än avslappning

Detta är en avspänningsmetod inom ALFA-metoden. Metoden kan hjälpa dig att nå djupare avslappning än med *Feldenkrais*-metodiken. Skillnaden är att *Feldenkrais*-avslappning kan läras och utföras på egen hand, medan denna metod tar längre tid att bemästra. Lyssna ofta på inspelningen, som tar mindre än 15 minuter. Den hjälper dig att minska stress i kroppen oavsett behov.

Varning: Du får absolut INTE lyssna på denna inspelning när du kör bil eller utför andra aktiviteter som kräver reaktion.

Avslappning och avspänning är lika, men avslappning fokuserar på kroppen och avspänning handlar om att släppa mentala spänningar med fokus på hjärnan.

Övning - Avspänning med ALFA-metoden

Om du uppskattade förra övningen, kan denna upplevas som djupare. När du kan utföra denna övning på egen hand, kan det kännas som om din mentala värld expanderar ut i universum. Läs hela övningen först och upprepa den sedan mentalt. Den här avspänningen finns på YouTube – se:

https://youtu.be/Zis64EvJTNM

Så här börjar du:

1. Sätt dig bekvämt och avslappnat.
2. Placera fötterna stadigt på golvet.
3. Börja med andningen du tidigare lärt dig - In genom näsan och ut genom munnen.
4. Säkerställ att du inte har knutna eller spända armar eller ben. Håll fötterna plant i golvet och händerna på låren.
5. Ta ett djupt andetag och håll andan i två sekunder.

6. Samtidigt som du andas ut, slut ögonen.
7. Gå in i ditt eget inre universum. Håll ögonen slutna under hela övningen.
8. Föreställ dig att du är på en lyxig avkopplande semester.
9. Föreställ dig att dina ögon är så skönt avslappnade att de vore omöjligt att öppna dem. Hur skönt avslappnade behöver de då vara?

Nu hoppas jag du känner dig avslappnad och fylld med energi utan dess like.

Kroppens punkter - Meridianerna

Kanske har du provat akupunktur? I så fall vet du att nålarna arbetar i *meridianerna*. Meridianerna börjar i fingertopparna och går genom kroppen till olika slutpunkter. Några slutar i fingertopparna, andra i tungspetsen eller tårna. Även på toppen av huvudet finns en slutpunkt.

Meridianerna är ungefär som nervbanorna i kroppen. Några börjar längst ut i fingerspetsarna eller i tårna, och både början och slutet kan finnas i tungspetsen. Inom österländsk medicin är meridianerna påstådda linjeformade system av kanaler under huden där energin, Qi, sägs flöda.

Meridianerna används i all kinesisk medicin, framför allt i samband med akupunktur. Akupunktur stimulerar och öppnar flödet via meridianerna. Meridianerna delas in i huvudgrupperna yin och yang. Qi-energin flödar genom kroppen via de tjugofyra (24) meridianerna, tolv (12) på varje sida av kroppen. Till varje meridian hör ett visst organ eller en psykisk och fysisk funktion, och ett tryck på en punkt längs meridianen sägs stimulera flödet av Qi.

Kroppens meridian-system

Livsenergin, qi, rör sig i både nervsystemet och blodomloppet, men även i sitt eget nätverk. De viktigaste kanalerna i detta energinät kallas meridianer. Kroppen har tolv huvudmeridianer som löper genom varje enskilt organ eller kroppsdel. Precis som när nervbanor och blodkärl transporterar nervimpulser, transporterar meridianerna energi. När du är frisk och harmonisk flödar energin genom meridianerna, som ofta sammanfaller med nervbanorna och blodkärlen. Det finns åtta extra energimeridianer som påverkar fem-element-systemet på mental nivå. Till skillnad från nervbanor och blodkärl kan meridianerna ta upp energier utanför kroppen. De tolv huvudmeridianerna löper vertikalt, med yangmeridianerna från topp till tå på kroppens högra sida och yinmeridianerna från botten till toppen på vänstra sidan.

De tolv huvudmeridianerna

1 Lungmeridianen (Lung)

Påverkar bröstets, lungornas, halsens och de övre extremiteternas sjukdomar samt febersjukdomar.

2 Tjocktarmsmeridianen (Large intestine)

Påverkar huvudets, ansiktets, ögonens, näsans, munnens, tändernas, halsens och de övre extremiteternas sjukdomar samt febersjukdomar.

3 Magsäcksmeridianen (Stomach)

Påverkar huvudets, ansiktets, munnens, tändernas, halsens, magsäckens, tarmarnas och de nedre extremiteternas sjukdomar samt febersjukdomar och störd samverkan mellan sinnena.

4 Mjält- och bukspottskörtelmeridianen (Spleen)

Påverkar magområdets, matsmältningsorganens, urin- och könsorganens samt de nedre extremiteternas sjukdomar samt sjukdomar med temperatursänkning.

5 Hjärtmeridianen (Heart)

Påverkar bröstets, hjärtats och de övre extremiteternas sjukdomar samt störd samverkan mellan sinnena.

6 Tunntarmsmeridianen (Small intestine)

Påverkar huvudets, nackens, ögonens, öronens, halsens och de övre extremiteternas sjukdomar samt febersjukdomar och psykiska störningar.

7 Urinblåsmeridianen (Bladder)

Påverkar huvudets, nackens, ögonens, ryggens och de nedre extremiteternas sjukdomar, sjukdomar i stussen samt febersjukdomar och psykiska störningar.

8 Njurmeridianen (Kidney)

Påverkar lungornas, halsens, magens, tarmarnas, urin- och könsorganens samt de nedre extremiteternas sjukdomar samt febersjukdomar.

9 Hjärtsäcksmeridianen (Pericardium)

Påverkar bröstets, hjärtats, magens och de övre extremiteternas sjukdomar samt störd samverkan mellan sinnena.

10 Trippelvärmemeridianen (Triple Heater)

Påverkar huvudets sidodelar, öronens, halsens och de övre extremiteternas sjukdomar samt febersjukdomar och psykiska störningar.

11 Gallblåsmeridianen (Gallbladder)

Påverkar sido- och mellandelen av huvudets sjukdomar, ögon- och öronsjukdomar, sjukdomar i området runt revbenen och maghålans övre del samt de nedre extremiteternas sjukdomar och febersjukdomar.

12 Levermeridianen (Liver)

Påverkar magens, urin- och könsorganens samt de nedre extremiteternas sjukdomar och psykiska störningar.

Åtta extra meridianer

Åtta extra energimeridianer påverkar fem-elementsystemet på mental nivå. Det är viktigt att dessa meridianer är kopplade till den andliga nivån från vilken du får livsenergi, qi. Deras huvudfunktion är att balansera energiflödet i fem-elementsystemet. De är inte direkt kopplade till ett specifikt organ utan till andra kroppsfunktioner såsom det endokrina systemet, blodomloppet, fortplantningsorganen, skelettet, hjärnan, levern eller gallan.

1 Du-meridianen

Du-meridianen är ett sammanflöde av yang-meridianerna. Ordet *"du"* betyder styra/härska. Du-kanalens funktion är att styra över alla yang-kanalerna. Påverkar dessutom muskelgrupperna.

Sjukdomssymtom: Febersjukdomar, mentala störningar, stelhet och smärta i ryggraden.

2 Dai-meridianen

Dai betyder bälte. Meridianen betraktas som ett bälte som binder upp yin- och yang-kanalerna. Dai går i en cirkel runt kroppen i navelhöjd. Påverkar dessutom muskelgrupperna.

Sjukdomssymtom: Bukbesvär, skador på korsryggen.

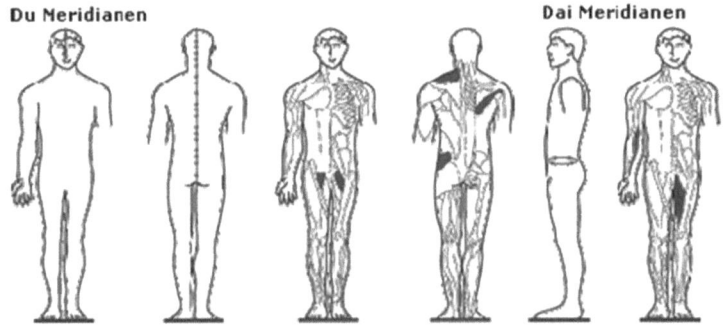

Du Meridianen   Dai Meridianen

3 Ren-meridianen

Ren betyder ansvar. Ren-meridianen har ansvar för yin-kanalerna. Den är ett sammanflöde av alla yin-meridianerna och startar inne i nedre delen av buken och fortsätter sedan ner i bäckenbotten, genom urinblåsan, längs kroppens mittlinje upp till underläppen. Där delar den sig i två bi-meridianer som sträcker sig upp över vardera kinden till ögat. Påverkar dessutom muskelgrupperna.

Sjukdomssymtom: Hosta och andnöd, besvär av urogenitalorgan.

4 Chong-meridianen

Chong betyder vital. Känd som 'The Sea Of Blood', kontrollerar chong kroppens qi. Startar i nedre delen av buken och fortsätter bakåt och upp genom länden. Fortsätter sedan till blygdbenet och följer njur-meridianen upp till halsen, når munhålan och kröker sig runt läpparna. Påverkar dessutom muskelgrupperna.

Sjukdomssymtom: Kolik och magsmärtor, gynekologiska besvär.

5 Yangqiao-meridianen

Yangqiao kallas också för "Yang Motorik-meridianen" då den påverkar musklernas tonus på benens laterala sidor. Startar vid ankeln och löper längs benets laterala sida upp till ljumsken, vidare till armhålan, över skuldrorna, halsen, käkbenet, mungipan och upp till näsryggen. Fortsätter i en båge över huvudets laterala sida för att sluta i nacken. Påverkar dessutom muskelgrupperna.

Sjukdomssymptom: Sömnlöshet, muskulär förtvining.

6 Yinqiao-meridianen

Yinqiao kallas även för "Yin Motorik-meridianen". Den påverkar musklernas tonus på benens mediala sidor. Startar vid ankeln och löper längs benets mediala sida upp till könsorganen. Fortsätter på kroppens framsida till mitten av nyckelbenet, vidare på sidan av halsen, upp över kinden till ögonbrynet. Påverkar dessutom muskelgrupperna.

Sjukdomssymptom: Sjukligt djup sömn, muskulär förtvining.

7 Yangwei-meridianen

Yangwei kallas även för "Yang Reglerings-meridianen". Den är förbunden med alla kroppens yang-meridianer. Startar vid fotens utsida, fortsätter längs benets laterala sida upp till armhålan, över skuldran, längs sidan av hals och huvud till nacken. Påverkar dessutom muskelgrupperna.

Sjukdomssymptom: Frossa och feber.

8 Yinwei–meridianen

Yinwei kallas även för "Yin Reglerings-meridianen". Den är förbunden med alla kroppens yin-meridianer. Startar på den benets mediala sida, fortsätter till trakten av ljumsken och upp mot halsens mittlinje. Påverkar dessutom muskelgrupperna.

Sjukdomssymptom: Smärta i mag- och hjärttrakten.

Akupressur

Inför en resa till San Fransisco var oron för jetlag stor, eftersom tidigare långresor orsakat kraftig jetlag med yrselsymptom som ibland krävt läkarbesök. En av mina kursdeltagare tipsade om ett underlag för akupressurpunkter. Med spänning testade jag instruktionerna som gav ett strålande resultat. Endast en mild jetlag upplevdes.

Om du ska resa långt, bör du testa denna övning.

Även om du inte ska resa, finns här information om akupressurpunkter som kan användas för att må bättre. Exempelvis kan punkten som stimulerar gallblåsan användas vid gallbesvär. Användningsområdena är många. Testa!

Tips för att slippa jetlag

Ta reda på vilken meridian som är aktuell och aktiv på platsen för behandling mot jetlag – t ex kl 17.00 i Canada. Knacka på MU-punkten för meridianen (se tabell nedan) för den aktuella tiden — t ex kl 18.00 = njurarna – GB25 – i minst en minut med intentionen att aktivera tiden som är här och nu. Upprepa ett par dagar framåt.

Säg affirmationen högt:

Jag älskar och accepterar mig själv även när jag upplever jetlag precis som jag är eller trots att jag känner jetlag. Nu frigör jag min själv från de sista resterna av det.

Organ / element	Tid – högst energi	MU punkt
LR - Lever – trä	01.00 – 03.00	LR14
LU - Lungor – metall	03.00 – 05.00	LU1
LI - Tjocktarm - metall	05.00 – 07.00	ST25
ST - Magsäck – jord	07.00 – 09.00	BL21
SP - Mjälte/Bukspottskörtel – jord	09.00 – 11.00	BL20
HT - Hjärta – Eld	11.00 – 13.00	REN14
SI - Tunntarm – eld	13.00 – 15.00	REN4
BL - Urinblåsa – vatten	15.00 – 17.00	REN3
KI – Njurar – vatten	17.00 – 19.00	GB25
PC – Hjärtsäcken – eld	19.00 – 21.00	REN17
TW – Trippelvärmaren – eld	21.00 – 23.00	REN5
GB -Gallblåsan – trä	23.00 – 01.00	GB24

Instruktioner:

- Varannan timme, med början från det att du går ombord på planet, stimulerar du den angivna akupressur punkten för den tid som råder **på resmålet.**
- Stimulera punkten med kraftigt tryck, gnugga 25-30 gånger.
- Fortsätt stimulera en punkt **varannan timme** motsvarande den aktuella tiden på ditt resmål under de närmaste 24 timmarna. Gå igenom hela cykeln av punkter.
- Om du somnar, hoppa över de punkter som skulle ha stimulerats, och fortsätt stimulera varannan timme baserat på den punkt som motsvarar den aktuella tiden på ditt **resmål.**
- Drick mycket vatten och undvik andra typer av drycker under flygningen.

Exempel:

Du lämnar Milwaukee kl 02:00 och åker mot Los Angeles. Den aktuella tiden i Los Angeles är middagstid. Stimulera punkt HT 8 vid avresan. Sedan stimulerar du SI 5 två timmar senare. Fortsätt stimulera nästa punkt på listan varannan timme tills du kommer till SP 3. Du stimulerar således varvet runt.

Nuvarande tid vid destinationen (resmålet), klockan:	Punkt:
1-3	LV1
3-5	L 8
5-7	LI 1
7-9	ST 36
9-11	SP 3
11-13 (middagstid)	HT 8
13-15	SI 5
15-17	B 66
17-19	K 10
19-21	P 8
21-23	SJ 6
23-1 (midnatt)	G 41

1 cun = ungefär en tummes bredd.

➤ LV 1 är i hörnet av basen på stortåns tånagel, på sidan närmast nästa tå.
➤ L 8 är en cun från det tvärgående vecket på handleden, längs sidan på tummen av den radiella artären.
➤ LI 1 är på pekfingret, i hörnet av basen av nageln på sidan på tummen.
➤ ST 36 är tre cun nedanför kanten av knäskålen och ett fingers bredd i sidled mot krönet av skenbenet. Dra fingret uppåt längs sidan av skenbenet tills det tar stopp.

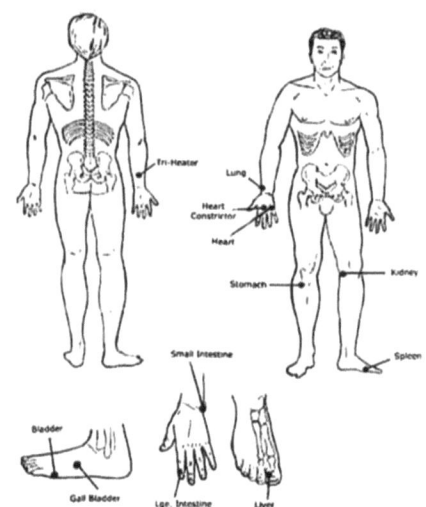

➤ SP 3 är på sidan av stortån, mellan trampdynan och dynan på stortån, på linjen där hudens struktur ändras.
➤ HT 8 är belägen vid den punkt där spetsen på lillfingret möter handflatan när du knyter handen löst.
➤ SI 5 är på handledens lillfingersida, där tvärgående vecket på handleden möter sidan av handleden.
➤ B 66 är vid sidan om den lilla tån.

➤ K 10 är belägen mellan senorna på baksidan av knät, på sidan närmast det andra knäet, i höjd med mitten av knäet.

➤ P 8 är vid den punkt där spetsen av långfingret möter handflatan när du knyter handen löst.

➤ SJ 6 sitter på armen mellan benen, tre cun från mitten av handleden på baksidan av handen.

➤ G 41 är på foten, precis på utsidan av senan, på den nivå där benen i dina två små tår möts i mitten på foten. För fingret uppåt foten mellan de små tårna till denna punkt.

Stängningsdelen i Chi Neng Qigong

Nu är det dags att lära stängningsdelen. Du undrar kanske varför du lär dig öppna och stänga först? Jo, det är samma rörelser, fast omvända, vid öppning och stängning. På så sätt blir det enklare att memorera. Du kan sätta ihop dem och köra dem som ett miniprogram. Vill du se inspelningen, välj Youtube: **https://youtu.be/8T7__WGYzNY**

1. Börja i Lucia-ställning.

2. Sträck armarna mot himlen (händerna över huvudet).

3. Lossa fingrarna en efter en.

4. Belys pannan när du har en triangel kvar.

5. Släpp och låt händerna och armarna falla ner i en rak linje åt sidorna.

6. Vänd handflatorna uppåt.

7. För armarna framåt.

8. Lyft dem uppåt och belys pannan med handflatorna.

9. Låt armbågarna dra armarna bakåt.

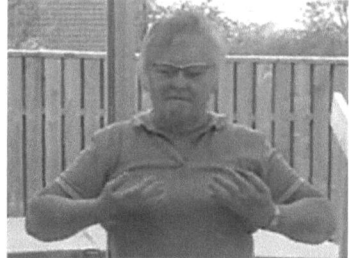

10. Passera under armhålorna. Stoppa och tryck med långfingrarna i Dabao.

11. Andas in stötvis tre gånger genom näsan och blås ut en gång genom munnen.

12. Vänd handflatorna uppåt, bakåt.

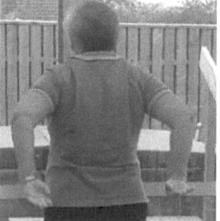

13. För armarna utåt sidorna.

14. Vrid armarna framåt. Låt vridningen börja i axlarna.

 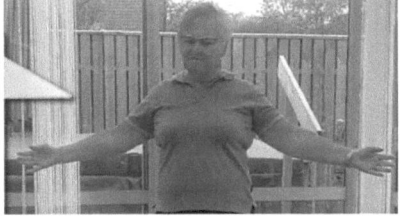

15. Omfamna qi (som om du skulle krama dig själv).

 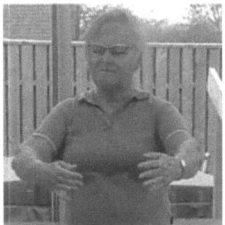

16. Lägg händerna på naveln.

17. Slappna av i hela kroppen.

18. Låt armarna falla ner till utgångsställning. Tacka!

Summering Avspänning och avslappning

Du har fått verktyg för avslappning och avspänning. De hjälper dig komma ner i varv, minska pulsen och lugna andningen. Övningarna är stressreducerande. Du har fått information om meridianer och akupressurpunkter, som jag hoppas du kan ha nytta av. Slutligen har du fått stängningsdelen i *Lyft upp Qi*-programmet. Du kan träna öppning och stängning varje dag. Njut av möjligheterna. Jag säger som kineserna säger när jag tränar med dem:

— Lelax" (relax) - utdraget blir detta "**LEEEEEEEEEEEEELAAAAAX**.

Testa att säga detta. Jag är övertygad om att du då måste le. Fritt översatt betyder "*lelax*" en personlig laxering av leenden.

5 Meditation, mindfulness och booster

I detta kapitel får du en meditationsövning, en mindfulness-övning och en övning för energi-booster. *"Boost"* betyder påfyllning. Skapa glöd så att du kan "brinna" inifrån utan stress.

I Qigong ingår meditation. De åtta (8) verserna är meditation. Med dessa startar du ett Qigong-pass. Att fortsätta befinna dig i detta fokuserade tillstånd - utan tankar - är något som ingår i Qigong och som alla (som tränat mycket och ofta) upplever. *Mindfulness* betyder att vara närvarande i nuet. För att upp-leva din kropp och qigong (fullt ut), måste du befinna dig i ett mindfulness-tillstånd. Tyvärr är dina tankar ofta på glid. Då befinner du dig inte i nuet; du är på väg någon annanstans. Genom att träna att vara i nuet, blir du mindre stressad och får mer energi samt ett lugn inombords. Du kan utnyttja din inre kraft.

Ibland oroar du dig kanske – och ofta i onödan - över att saker inte går din väg. Det är dina apor (tankar) som spelar dig ett spratt, precis som apor ofta gör. Du kanske oroar dig för något inför morgondagen, trots att du inte be-höver. Det är mänskligt. För att skapa energi, kan du behöva fylla på med en booster.

En kort version av en energibooster, som hjälpt mig många gånger, kan du hämta via YouTube. Du får en kort version som jag hoppas ska stärka dig (precis som vitaminer). Själv har jag inspelningar som gör att jag "nästan" kan hoppa över små hus, efter att ha lyssnat på dem. De blir som Duracell-batterier, som går och går och går och går .....

Du får lära dig träna benrörelserna separat för att därigenom lägga till de tre mittersta Lyft upp Qi-övningarna längre fram.

Benrörelserna i Lyft upp Qi

För att du lättare ska komma i gång med del 2 och 3 i programmet *Lyft upp Qi*, bör du träna benrörelserna separat. Träna på rörelsen med ungefär 25 rotationer per dag. När du blir "varm i kläderna" med rörelsen, kan du göra den längre och längre.

Du kan träna *Öppningen i Qigong* och därefter lägga denna rörelse i mitten och avsluta med *Stängningen* som du lärt dig.

Placera handflatorna parallellt med fötterna. Når du inte ner, är det viktigt att du har händerna parallellt med fötterna, ovanför dem, i luften. Rotera fram och tillbaka och lyft med *Mingmen*. Vill du se detta på film, välj Youtube:

Handflatorna ska ligga på fötterna. Når du inte ner, så är det viktigt att du har dem parallella mot fötterna

https://youtu.be/jzZRC_JraL4

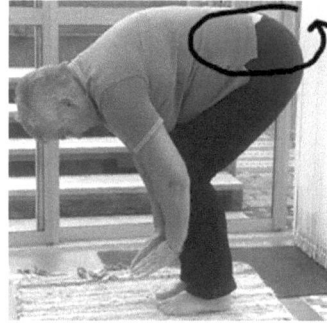

Din ställning ska vara som ett "liggande ovalt ägg"

Börja rotationen framåt Sen bakåt

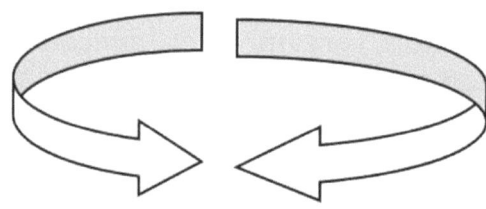

Meditation

Det finns många olika sätt att meditera.

Du behöver inte sitta i skräddarställning. Jag väljer att sitta på en stol med benen plant i golvet (korsa dem inte). Händerna ska vara med handflatorna uppåt (lägg dem på låren) eller i Lucia-ställning. Meditationsövningar kan göras stående, gående, sittande, liggande, hummande – allt efter behov. Du har lärt dig mantrat *Hong Jang Ling Tong* som du kan använda som meditation. Du kan använda dig av andra ljud för att styra tankarna. Det kan vara en behaglig CD-skiva eller kinesiska ljud. Använd de ramsor som du lärt dig. NG-ljudet är suveränt.

Andning liksom visualisering är vanligt förekommande i meditationsövningar.

Det finns många olika former av meditation, men gemensamt för alla är att du ska stilla sinnet. Syftet är att du ska bli mer harmonisk och få större insikt i vem eller vad du är. Ordet meditation kommer från latinets *meditari*, som betyder 'tänka efter' eller 'tänka över'. Men egentligen handlar det mer om att stänga tankarna.

Meditation är en systematiskt använd psykisk och kroppslig teknik som innebär fokusering och koncentration kombinerad med avspänning. Andra uttryck för vad som sker vid meditation är bland annat "stilla begrundan", "att lyssna inåt" och "försjunkenhet".

Läkarvetenskapen har konstaterat att du - med hjälp av meditation - kan stärka din kropp och själ, och på samma sätt som vid viss sömn, reparera kroppen.

Teknik för meditation

Det mest grundläggande i meditationsprocessen är att fokusera uppmärksamheten. Vanligast är att sitta stilla och avspänt med slutna eller halvöppna ögon, där du fokuserar din uppmärksamhet och ditt medvetande på någon inre föreställning eller på att hålla tankarna stilla (att tömma sinnet på tankar) och i stället fokusera på inre frid, din egen andning, ett mantra, eller metodiskt ljud (som ett hummande eller liknande).

Objektinriktad meditation innebär att du begränsar eller koncentrerar uppmärksamheten på ett specifikt föremål för meditation, en bön, ett energicentra i kroppen (chakras) eller en fantasibild. Fantasier kan involvera färger, former och/eller ljud (mantran).

Objektlös meditation innebär i stället en öppen uppmärksamhet och mottaglighet för både yttre och inre stimuli. Denna form av meditation kallas ibland för *djupmeditation* och syftar till ett medvetandetillstånd snarare än en specifik teknik. Det är vanligtvis detta tillstånd som är målet med meditation.

Användning av meditation

Meditation återfinns i många kulturer världen över. Trots att de fenomen som omger meditationen är likartade globalt sett, skiljer sig formuleringarna mellan olika religioner och kulturer på grund av deras unika symbolspråk.

I västvärlden presenteras meditation ofta som en metod för avspänning. Detta beror på att vissa fysiologiska förändringar kan inträffa under meditation och de kan mätas. Dessa förändringar är direkt motsatta till stress, vilket innefattar:

1) Minskad andnings- och pulsfrekvens
2) Minskad syreförbrukning
3) Minskad ämnesomsättningshastighet

4) Sänkning eller stabilisering av blodtrycket
5) Minskad ledningsförmåga i huden
6) Specifika lugna och jämna hjärnvågsmönster som är sällsynta i vaket tillstånd

Meditationens påverkan på hjärnan

Enligt *Richard J. Davidson* finns det bevis för att meditation har en positiv påverkan på hjärnans funktion. Vid mindfulnessbaserad stressreduktion förändras hjärnan emotionellt och tankemönstren blir mer positiva, vilket bland annat minskar oro.

Jag har genomgått en längre meditationsutbildning med *Joe Dispenza*. För mig innebär meditation att bli bekant med mitt omedvetna tillstånd av kropp och själ på ett sätt som gör att jag aldrig vill gå tillbaka till att vara omedveten.

Dispenza använder meditation som modell för att hjälpa människor att göra förändringar. Sinnena är kopplade till den yttre miljön - allt du ser, luktar, smakar, känner och hör, påverkar dina fem sinnen och din hjärna. Om du vaknar på morgonen och går igenom samma rutiner som du gjorde igår, befinner du dig fortfarande i gamla hårdvara, i ditt förflutna i hjärnan. Hjärnan är organiserad för att spegla allt du redan vet från det förflutna. När människor vaknar och blir medvetna om sin kropp börjar de undersöka omgivningen, utföra vanliga handlingar, vilket aktiverar olika hjärncirklar och får dem att tänka på samma sätt som miljön omkring dem. På detta sätt skapar du samma verklighet om och om igen. För att göra förändringar måste du tänka utanför miljön, tänka bortom omständigheterna i din värld och bortom dina livsförhållanden. Detta är något varje stor person i historien har förstått – att tänka utanför boxen.

Ibland kan det vara bra att blunda eller lyssna på musik för att minska den sensoriska informationen i hjärnan och därigenom glömma bort tiden. Sluta förutsäga en förutsägbar framtid baserad på minnen från det förflutna. Lev i nuet! Det är DET meditation handlar om.

Meditation innebär att gå bortom ditt analytiska sinne, att gradvis eliminera din kropp, din miljö och tiden så att dina tankar i din inre värld blir mer verkliga än allt i din yttre värld. Genom meditation blir du medveten om dina omedvetna tankar. Att bli medveten om dina automatiska drivkrafter, vanor eller beteenden, ditt sinnestillstånd och kroppens tillstånd betyder det att meditationen hjälper dig att lära känna dig själv. Om du kan observera dessa tillstånd och hur du tänker, agerar och känner, är du inte längre programmerad. Du blir medveten om hur du är programmerad och kan börja objektifiera ditt subjektiva jag. Du kan befria dig från din biologi. Ju mer medveten du blir om dina omedvetna tillstånd, desto mindre sannolikt är det att du kommer att agera omedvetet i ditt dagliga liv.

Genom meditation och att börja tänka på nya sätt kan du öva dig mentalt på att repetera eller granska ditt sinne, planera nya beteenden som ger upphov till nya val. På detta sätt skapar du nya hjärncirklar och om du fortsätter att öva kommer detta att bli bekant för dig. Kultivera känslorna om hur upplevelsen skulle kännas innan den inträffar och förstå att känslan faktiskt signalerar nya gener. Du behöver inte vänta på att upplevelsen av känslan ska inträffa. Genom att träna på dessa emotionella tillstånd, såsom att öppna ditt hjärta och känna tacksamhet, glädje, kärlek, frihet och helhet, kan du biologiskt och kemiskt lättare skapa känslan.

Genom att lära dig att din yttre miljö, tiden och att få ner din kropp kan du göra din inre värld mer verklig än din yttre värld. Den inre miljön är cellens yttre miljö. När du ändrar ditt tillstånd, vilket det finns forskning om i meditationens effekt, reglerar du nya gener. Om du knackar på dörren om och om igen kommer du förr eller senare att programmera genen så att den aktiveras. När detta inträffar har du planterat fröet, och ditt autonoma nervsystem tar över.

Jag måste lära mig leva utan reumatismens smärta i kroppen, som om jag är full av energi och inte längre känner av det onda. För att göra det krävs att jag tränar qigong och mer meditation. Hur vill du forma din framtid? Meningen med meditationen är att förändra ditt inre tillstånd. När du reser dig från meditationen kommer du inte att vara samma person som när du började.

Meditations syfte är att ändra ditt tillstånd av att vara, att konditionera din hjärna och kropp till ett nytt tillstånd och sedan stiga upp och behålla detta förändrade tillstånd av sinne och kropp under dagen. Du utmanas av motgångar i ditt liv på en ny nivå av medvetande. Vad vill du förändra? Vad vill du uppnå? Hur vill du stiga dig upp efter en meditation? Hur vill du starta dagen?

Forskning visar att under meditation påverkar du kroppens signalsubstanser och hormoner. Forskare har observerat en ökning av dopamin, serotonin och melatonin under meditation. De har också observerat en långsiktig minskning av kortisol (stresshormonet).

EEG kan användas för att undersöka meditationens effekter på hjärnan. I studier har man till exempel observerat en ökad aktivering av prefrontala cortex, vilket på sikt kan förbättra vår förmåga att reglera emotionella upplevelser.

Hippocampus har i flera studier visat sig påverkas av meditation. Dessa resultat tyder på att meditation kan förbättra din förmåga att återkalla detaljer och öka arbetsminnets kapacitet.

Studier indikerar att plasticiteten hos den vita hjärnsubstansen påverkas av meditation. Detta samband brukar kopplas till olika psykiska sjukdomar som schizofreni och depression. Därmed finns ett intresse av att använda meditation som en del av behandlingen för symptom samt för att stödja personer med dessa tillstånd. Det finns således stora möjligheter till återhämtning och stärkande genom meditation.

Mindfulness som betyder "*medveten närvaro*" används som en metod för att reducera stress. En vanlig övning är att lära dig vara medvetet närvarande i varje ögonblick utan att döma. *Jon Kabat-Zinn* har utvecklat utbildningsprogram för mindfulness som integrerar meditation. Mindfulness är i grunden en form av meditation där du är uppmärksam och neutral i varje givet ögonblick, fokuserad på sinnesintryck och observation av tankar som en oengagerad åskådare.

Meditationens påverkan på hälsan

Mindfulnessbaserad stressreduktion har i många studier visat sig minska psykisk stress hos bröstcancerpatienter, reducera biverkningar hos mottagare av transplanterade organ, lindra oro och depression hos personer med social ångeststörning samt hjälpa personer att hantera kronisk smärta.

Övning – Meditation

Denna meditation är viktig för att du ska lära dig ta det lugnt. Den här övningen finns på Youtube, se:

https://youtu.be/UcOBOQP47EQ

Så här börjar du:

- ➢ Sätt dig bekvämt eller lägg dig ner.
- ➢ Var noga med att inte korsa armar och ben.
- ➢ Om du sitter, ha fötterna plant mot golvet.
- ➢ Håll händerna i knät eller i sidorna.
- ➢ Lägg tungan bakom framtänderna och slappna av i käken.
- ➢ Ha ett leende på läpparna!
- ➢ Slut sakta dina ögon.

Fördjupning i Mindfulness

Att vara i nuet

Att vara medveten i nuet innebär att öka medvetenheten om dig själv och det som finns i stunden. När du gör det uppfattar du saker och ting mer exakt. Du ökar din förmåga att fatta kloka beslut, göra nya val och ta nya steg i livet. Du kan finna ett tillstånd av djup och rofylld inre kontakt med dig själv. Ofta är du inte närvarande i nuet eftersom tankarna och din uppmärksamhet drar i väg. Tankarna för dig bort från det som finns här och nu till det förflutna eller till framtiden. Ibland får tankarna (aporna) dig att fastna i oro eller i dagdrömmeri utan anknytning till verkligheten. Träna din förmåga att släppa taget om tankarna (aporna) och medvetet styra uppmärksamheten till din kropp. När du är förankrad i kroppen och dina sinnesupplevelser, känner hunger, trötthet, smärta, dofter, smaker och beröring, är du närvarande i det som finns i just detta ögonblick.

Lära känna sig själv

Mindfulness handlar om att förstå hur du agerar och varför. Det du upplever här och nu påverkas av det som har skett, med andra ord beteende- och konsekvensanalys. Det kan vara något som påminner dig om det förflutna, till exempel en röst, en gest eller en situation. Genast kopplar hjärnan ihop det med det som sker. Känslor och tankar färgar upplevelsen av situationen och påverkar hur du beter dig. Genom att observera dig själv, nyfiket och utan att döma, blir du mer medveten om de inre föreställningar och reaktionsmönster som styr dig. När din självkännedom ökar blir det lättare att gå emot det gamla och göra nya val. Genom ett nytt förhållningssätt till dina tankar (apor) och känslor kan du få tillgång till nya sätt att hantera problem och svårigheter.

Ökad medvetenhet

Du kan öka din förmåga och medveten närvaro genom att meditera och träna med hjälp av övningarna. Träna qigong och bli medveten om kroppens rörelse.

Du kan träna medveten närvaro i det mesta du gör i vardagen. När du äter, lagar mat, diskar, pratar, promenerar eller lyssnar på musik kan du öka närvaron genom att göra en sak i taget, fokusera på det du gör och vad du upplever. Var uppmärksam i nuet och lägg din fokusering på personen som talar. Det är inte lätt men fantastiskt lärorikt och upplevelsefyllt. Ofta när någon talar, går dina tankar på egen färd och du vill bryta in och kommentera. Själv är jag expert på detta – även om jag är oerhört närvarande när någon talar. Genom mindfulness kan du träna dig att lyssna aktivt, inte knyta an till egna tankar utan bara lyssna. Med träning ökar du din förmåga att uppmärksamma det som finns i stunden, utan att döma eller värdera.

Att komma i gång med mindfulness

Nyttan av mindfulness

Att lära mindfulness kan hjälpa dig att uppnå ökat lugn och minskad stress. Det gäller att hitta en stund på dagen när du kan sitta eller ligga i stillhet, samt att öva närvaro i vardagssysslorna. Genom att träna mindfulness när du duschar, borstar tänderna eller lagar mat blir du mer närvarande. Hur ofta står du i duschen och tänker: "Nu tar jag schampoflaskan i handen, tvålar in håret, sköljer ur det ....?" Förmodligen sällan, eller hur? Oftast vandrar tankarna till det som redan har hänt (och du analyserar eventuellt och tänker tillbaka) eller till sådant som ska ske framåt i tiden (vilket ibland skapar oro). Dina "apor" är rejält igång. Välj bort dem!

Mindfulness som verktyg för stresshantering

När du är medvetet närvarande ökar lugnet och stressen minskar. Forskning visar att mindfulness kan minska både stress och smärta.

Träna i vardagen

Ingen speciell utrustning behövs för att börja öva mindfulness. Det går bra att börja här och nu.

Hjärnan skiljer inte mellan realistiskt och fantasi

Hjärnan har svårt att skilja på fantasi och verklighet. Om du tänker tankar som gör dig orolig eller stressad, reagerar din kropp som om det verkligen är så. Genom att uppmärksamma dina tankar som enbart tankar och inte fakta blir det lättare att få distans till dem. När du blir mindre dömande mot dig själv blir det också lättare att ha en mer neutral självbild.

Styr uppmärksamheten inåt

Släpp tankarna (tysta aporna) och styr din uppmärksamhet dit du vill. Fokusera på andningsrörelserna, avslappnings- och avspänningsövningarna, på meditationsövningar och på mindfulness-övningen. Samtliga hjälper dig skapa lugn och ro samt ökat fokus. Särskilt under stress har du nytta av att snabbt hitta ett lugn i kroppen för att skapa avstånd till negativa tankar och känslor. Detta kräver träning, eftersom det inte är enkelt att tysta aporna när det negativa pockar på uppmärksamheten och du styrs av automatiska reaktioner. Ju mer du tränar, desto bättre blir du.

Hjärnan kan lära sig uppmärksamma det du mår bra av
Om du ständigt lägger märke till saker som du mår bra av, lär din hjärna sig att fånga upp liknande information. Då kan du få lättare att hitta sådant som ger glädje och tillfredsställelse.

Du reagerar och agerar automatiskt
I hjärnan finns alla upplevelser från det förflutna lagrade, även sådana från de tidigaste åren, som du inte medvetet minns. Under barndomen, i de mest grundläggande relationerna, har självkänslan utvecklats och du har lärt dig hur du kan förvänta dig att bli bemött av andra människor. Kan du känna tillit och trygghet i tillvaron, eller måste du vara på din vakt, rädd för att bli avvisad och utanför? Med alla dessa gamla erfarenheter som modell och karta, läser du av det som sker i nuet. Hjärnan uppmärksammar och tolkar blixtsnabbt inkommande information utifrån tidigare erfarenheter. Känslor och tankar väcks och du reagerar automatiskt enligt gamla mönster. När du reagerar automatiskt, utan att reflektera över om det verkligen är som du tror att det är, återupprepar du det gamla, gång på gång. Den gamla bilden av verkligheten bekräftas och du får "mer av samma".

Du tänker kanske:

- "Se där, nu var oturen framme igen ..."
- "Ingen lyssnar som vanligt på mig."
- "Varför blir det alltid så här?"

På så sätt styr och formar de gamla erfarenheterna ditt liv mer än vad du är medveten om.

Respektera dig själv
Genom att observera dig själv, dina tankar, känslor, hur det känns i kroppen och hur du beter dig, kan du lära dig vilka mönster och teman som finns i ditt liv. När du blir mer medveten om din egen roll i det som sker blir det också

möjligt att styra ett annat resultat än tidigare. En viktig del i medveten närvaro är en mer accepterande och icke-dömande hållning både mot dig själv och andra. Det är lätt att döma. Att kunna se mer kärleksfullt och ömsint på dig själv och det lilla barn du en gång var, att skapa en mer neutral självbild, har stor betydelse för ditt välmående.

Observera

Du kan börja observera saker hos dig själv som om du såg dem för första gången – med ett barns nyfikenhet och utan att döma. Tänk exempelvis: "Så intressant att jag känner så här, just nu".

Då lägger du märke till och observerar:

- den yttre händelsen, dvs situationen
- tankarna
- känslorna
- kroppens reaktioner, till exempel om du blir kall om händerna eller orolig i magen
- hur du beter dig, till exempel om du flyr undan, börjar gräla eller ger upp

Det undermedvetna kan endast reagera på dina känslor

Ditt undermedvetna kan inte reagera på tankar, enbart på känslor. Känslor fungerar som signaler för hur du ska förhålla dig till det som sker. Till exempel ska ilskan få oss att kämpa medan rädslan ska få oss att fly och undvika faror. Känslor känns, men ofta är du inte medveten om din kroppsliga reaktion. Skam kan upplevas som kraftlöshet, att du vill sjunka ihop och har svårt att tänka klart. Rädsla kan ge torrhet i munnen, svettning och kalla händer, medan ilska kan ge varma händer och en inre känsla av kraft och energi.

Genom att lägga märke till vad som sker i kroppen blir du mer bekant med dina egna reaktioner. Det blir tydligare vad du reagerar på och hur du reagerar.

Du kan märka hur ditt beteende påverkas. Om du skäms eller är rädd kanske du försöker göra dig osynlig och drar dig undan. Ilska kan göra dig kampberedd, villig att argumentera och slåss för dina åsikter.

Konfliktmönster

Alla har olika mätbara konfliktmönster. Vill du fördjupa ditt medvetande, anmäl dig till en kurs i exempelvis SDI©, HANC© eller Utvecklande Ledarskap.

SDI® - Strength Deployment Inventory

 SDI© är en kartläggning som hjälper dig att upptäcka dina egenskaper och potential i hur du relaterar till andra människor. SDI© är ett verktyg för upplysning och utveckling. Bakgrunden till SDI© är *Relationship Awareness Theory (RAT)* formulerad av den amerikanske forskaren *Elias Porter*. Teorin påvisar att vi styrs av vissa inre behov som vi strävar efter att tillfredsställa.

HANC© - Have a Nice Conflict

 Du lär dig att framgångsrikt förebygga och hantera konflikter. Du får lära dig fem nycklar för effektiv konflikthantering. Nycklar som hjälper dig att förutse, förebygga och hantera konflikter. Denna kompetens är värdefull både i arbetslivet och privat. HANC© ökar din självkännedom och skapar väl fungerande samarbeten, både privat och professionellt. De som genomgått HANC© upplever att deras kompetens ökade med över 90%.

Utvecklande Ledarskap

 Lär dig analysera, reflektera över och medvetet utveckla dina dagliga handlingar. Med stöd av en 360-gradig modell för *Utvecklande ledarskap* och den självinsikt som kommer från feedbackinstrumentet *ULL (Utvecklande Ledarskap Ledarbedömning)* ökar du din självkännedom och får ett mer utvecklande arbetssätt. Du lär dig att bättre utveckla den grupp du arbetar med för att på sikt nå högre effektivitet.

Acceptera - förändra

Ju mer du lägger märke till om dig själv, desto tydligare blir ditt personliga reaktionsmönster. Kanske märker du att du styrs av negativa tankar och föreställningar om dig själv, eller att du lätt blir nyfiken och entusiastisk. Oavsett hur det är för dig är det viktigt att inte döma. Genom att bli mer medveten, acceptera och se saker som de är, blir det möjligt att påverka och ta nya steg mot förändring.

Att känna det du känner

Ofta är det känslorna och oförmågan att hantera dem som ställer till problem. Du kan till exempel bli arg, ledsen eller skamfylld och agera ut känslan eller försöka dämpa och trycka ner den på olika sätt. Genom att observera och utforska känslan blir den lättare att hantera.

Tänk efter hur det känns när du är glad, arg, entusiastisk eller skamfylld. Om känslan blir stark och svårkontrollerad är det svårt att observera. Då kan du först behöva fokusera på andningen för att bli lugnare, skapa ett litet avstånd och andrum. Du kan använda avslappningsövningen för *Feldenkrais* som du tidigare testat. Därefter kan du utforska känslan. Hur känns det i kroppen? Var sitter känslorna? Hur kan du beskriva det som känns? Ändrar det sig?

Att observera hjälper dig att vara i nuet och acceptera känslan. När du inte flyr undan eller undviker känslan, utan låter den vara där precis som den är, öppnar sig nya möjligheter att hantera situationen annorlunda.

Minnesregler

Du tänker kanske: "Nej, nu gör jag så där igen! Jag skulle ju aldrig ..." Att hamna i gamla beteendefällor är lätt. Ju mer du tränar med hjälp av mindfulness att observera dina tankar, hur det känns i kroppen och vilka känslor som väcks i olika situationer, utan att döma dig själv, desto större möjlighet har du till förändring.

Trots att du är medveten om varför det blir som det blir är det inte säkert att du kan göra något annorlunda i stundens hetta. Du reagerar för det mesta snabbt och automatiskt. Först efteråt när du har lugnat ner dig kommer tankarna. Därför kan det vara bra att ha några enkla minnesregler för hur du hanterar dig själv på ett medvetet sätt. Här har du några bra utgångspunkter:

> **Stopp** – Koncentrera dig på andningsrörelserna en liten stund. Genom att ha kontakt med andningen blir det lättare för dig att få ett litet andrum och ett avstånd till tankarna och känslorna.

> **Observera** - Försök få en uppfattning om tankar, känslor, kroppen och vad som händer.

> **Acceptera** – Försök acceptera situationen. Du kan inte göra om den, men du kan försöka göra det bästa av den.

> **Svara** - Genom att du får ett litet andrum och en mera objektiv uppfattning om situationen kan du göra något nytt och annorlunda och inte bara reagera enligt gamla mönster.

> **Släpp taget** – Du har gjort vad du kunnat i situationen, även om den inte blev som du tänkte dig. Släpp taget om det som var. Sluta älta och gräma dig. Var öppen för nästa ögonblick.

Börja med mindfulness

Att bli medvetet tar tid. Pröva dig fram, du kan till exempel börja med att försöka vara uppmärksam på vad du gör och hur det smakar när du äter. Gör det så enkelt som möjligt för dig att öva medveten närvaro. Träna varje dag, även om det bara blir en liten stund. Du kan till exempel göra övningen hemma, på bussen på väg till jobbet eller på lunchrasten.

Självboost - Ladda energi

En *självboost* är en djupare meditation eller mindfulness-övning, där någon annan eller du själv via en inspelning, fyller på din hjärna, din kropp och dina sinnen med bilder. Detta kryddar ditt inre så att du blir uppladdad. En boost skapar energi i ditt inre. Här får du en boost som stärker ditt självförtroende och ökar din självtillit. Det är en boost som skapar energi och stärker både din kommunikation med andra och din inre kommunikation.

Du kan använda den för att fylla dig med styrka eller vid tillfällen när du ska göra något som kräver lite extra av dig. Själv använder jag den när jag känner mig orolig eller stressad. Den förstärker ditt självförtroende. Lyssna på inspelningen på YouTube:

https://youtu.be/Hvd8T0-dK80

Övning – Självboost

Börja så här:

1. Ta ett djupt andetag, in genom näsan och ut genom munnen.
2. Slappna av.
3. Stäng ögonen och låt alla känslor och tankar flyta bort.
4. Tillåt dig själv att slappna av fullständigt.
5. När du börjar slappna av, ta ett par djupa andetag och fyll lungorna med frisk luft.
6. När du slappnar av, fördjupa avslappningen med en behaglig känsla i hela kroppen.
7. Du kommer att känna hur din kropp flyter djupare och djupare ner i en underbar avslappning. Det känns som om du befinner dig i ett badkar (eller SPA) med varmt vatten, där du upplever kroppen som tyngdlös, nästan svävande. Du kommer att uppleva hur avslappnad hela kroppen blir; från toppen på huvudet till tåspetsarna. Dina ögonlock blir tyngre och alla muskler i käkarna slappnar av när du sätter tungan bakom framtänderna. Tillåt dig att flyta neråt, djupare och djupare.

Summering Mindfulness, Meditation och Booster

Som du upptäckt ingår mindfulness och meditation i Qigong. En booster är ett slags självhypnotisk påfyllning för att skapa energi.

Träna på dessa övningar och benrörelserna, varje dag. Slå ihop *"Lyft upp Qi"*-öppning, benrörelser och stängning som ett miniprogram.

6 Stressreduktion

Stress kommer från rädslor som du styrs av, framför allt rädslan över att inte ha kontroll. När du inte har kontroll, upplever ditt undermedvetna att du är inkompetent, vilket skapar enorm stress.

All stress kan härledas till någon form av oro, vare sig det handlar om stress i jobbet, hemma eller i samband med sjukdom. Du kan bearbeta all stress genom övningarna i denna bok, samt genom att tänka andra tankar eller att tysta "aporna" i ditt sinne.

Stress

Vem är den viktigaste personen i ditt liv? Du så klart! Meditation gör dig frisk och qigong botar.

Den som brinner för något, kan bränna ut sig. Hur ser utbrändhetskurvan ut?

Kanske upplever du jobbet som roligt och bryr dig inte om motgångar. Du arbetar kanske utan problem eller övertid. Eventuellt identifierar du dig med dem som du arbetar tillsammans med, men kan upplevas av andra som ett hot. Du har kanske högre mål än vad andra förväntar sig?

Om du är idealist kan du hamna i stagna-tionsfasen. Du känner förlust och tvivel, ser inga resultat och känner dig otillräcklig. De orealistiska förväntningarna blir tunga, olustkänslorna ökar. Du jobbar hellre ensam än samarbetar, vilket gör att du isolerar dig. Hälsan sviktar och det kan leda till magbesvär, huvudvärk eller andra åkommor. Du blir en ensamvarg och slutar skratta.

Den tredje fasen är frustrationsfasen. Arbetet känns meningslöst och omöjligt. Du funderar på om du har valt rätt yrke och får framtidsskräck. Kanske blir du negativ och ser hinder både hos dig själv och dina samarbetspartners. Du känner dig maktlös och okunnig. Alla goda resultat uteblir, irritationen och konflikterna ökar. Du får psykosomatiska och kroniska symptom och du börjar dra dig undan.

Sista fasen innebär att apatin sätter in eller att du blir överaktiv. En del sover inte, andra sitter och stirrar i väggen. Några överarbetar. Du tappar kontakten med dig själv, lyssnar dåligt och säger "ja" till allt. Detta förvärrar stressen för alla andra, särskilt för dem som sedan måste rädda dig. Du går "in i väggen". Hoppet lämnar dig och du resignerar. Distansen till omgivningen blir enorm och självförtroendet går i botten. Du tappar fotfästet och ger upp. Katastrofen inväntas. Du känner dig tung och trött. Utbrändheten är ett faktum, vilket kan leda till fysisk eller mental kollaps, som när en gammal bil rasar ihop.

 Om du mediterar eller använder de övningar du har fått i boken, kom-mer du att skapa energi som hindrar dig från utbrändhet. Skapa inre och yttre energi. Upplev att du brinner utan att bränna ut dig!

Mer om Dantian

Dantian är det kinesiska ordet för tre speciella energikällor och energicentran i kroppen. Det är ett taoistiskt begrepp inom kinesisk meditation och kampsporter som TaiChi. Dantian betyder bokstavligen "det röda fältet". Dan betyder cinober, som är en ljusröd-orangeaktig färg, och tian innebär ett risfält eller ett fält som innehåller skatter som ska plockas. Tian-fältet står för födoämnen eller energi.

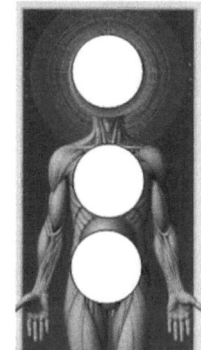

Fria översättningar av Dantian kan vara "ett hav av qi", "ett elixirfält" eller "ett energicenter". Vi kallar dem för qi-batterier, eftersom de lagrar din vitala livskraft.

Inom traditionell kinesisk medicin lär man att din qi lagras i kroppen i tre huvudsakliga energicentra. Dessa är övre, mellersta och nedre Dantian. Övre Dantian är huvudet, den mellersta är runt hjärtat och den nedre sitter i buken.

Andningsövningen nedan är otroligt energipåfyllande och främjar framför allt nedre delen av kroppen. Den kan också användas när du måste fokusera. Dantian är viktiga kontaktpunkter för meditativa och rörelsetekniker som qigong.

Primeval Hunyuan Qi: Naturens finaste Qi

Mänsklig Hunyuan Qi: I Övre, Undre och Mellersta Dantian

⇨ **Övre Dantian (hjärnan):** Finns i pannan mellan ögonbrynen, även kallad "det tredje ögat".

⇨ **Mellersta Dantian (känslo-centrat):** Placerad i nivå med hjärtat, ansvarig för lagring av andlighet samt för hälsan hos de inre organen.

⇨ **Nedre Dantian (immunförsvaret och de inre organen):** Fylls på genom "3 centers förening", en meditativ Qigong-övning. Den delen finns tre fingers bredd under och två fingers bredd bakom naveln. Nedre Dantian har beskrivits som "roten till livets träd".

Dantian-övning för andning

Vill du lyssna på den här finns den på YouTube:

https://youtu.be/NkNj7V46WKg

Börja så här:

Sitt bekvämt i en stol med fötterna på golvet. Håll ryggen rak och placera händerna på magen, med naveln som centrum. Kvinnor placerar höger hand innerst och män vänster hand innerst.

1. Slappna av och andas in och ut genom näsan.
2. Vid inandning genom näsan, absorbera qi från luften omkring dig. Utandning sker genom munnen.
3. Vid utandning, andas ut djupare än vanligt för att rensa lungorna. (Normal utandning är att du andas ut 40% av luften.) Gör detta i tre steg.
4. Ta ett djupt andetag och låt andning fylla nedre delen av magen. Upplev hur magen expanderar när du tillåter membranet att slappna av och luften fyller dina inre organ.
5. Upprepa tre-stegs-utandningen som du gjorde tidigare. Gör detta flera gånger.

Motivation

Att skapa motivation kan vara både lätt och svårt. Motivation kan tränas med olika tekniker. Det finns fyra typer av motivation:

⇨ Inre
⇨ Yttre
⇨ Till
⇨ Från

Det finns tre versioner som styr motivationen.

Inre och yttre motivationen

Det som kommer utifrån påverkar dig, medan det som kommer inifrån är mer personligt. Vad är det som gör dig entusiastisk och villig att ta stora steg? Vad får dig att vilja hoppa över höghus?

Arbete innebär något som du måste göra. Lek innebär något som du inte måste göra. Jag har bestämt att mitt arbete ska vara min lek. Numera vill jag ha roligt oavsett om jag arbetar eller leker.

Yttre motivation är som en tändsticka. Den flammar snabbt upp men slocknar lika fort. Den kan till och med på sikt minska din långsiktiga motivation och få dig att ge upp det som du hade tänkt göra.

När någon annan säger åt dig att göra något eller om du gör det för någon annans skull, är du medveten om att du håller den andres liv i dina händer? Ett tydligt exempel som jag har upplevt är när anställda har beordrats att gå på någon av mina kurser. Det har aldrig fungerat.

Den inre motivationen kommer från saker som berör dig. De blir bränslet i din motor - ett bränsle som håller dig i gång under lång tid.

Det kan vara olika kombinationer av dessa motivationstyper. **Inre-till-motivation** innebär att du längtar efter att nå något. **Inre-från-motivation** kan vara när du längtar bort från något. **Yttre-till-motivation** handlar exempelvis om när någon annan vill att du ska uppnå något. **Yttre-från-motivation** kan vara skrämmande. Exempelvis om chefer säger att målet är att

4 typer av motivation

- Inre
- Yttre
- Till
- Från
- Kombinationerna kan vara
  - Inre – Till / Inre – Från
  - Yttre – Till / Yttre - Från

93

spara två miljoner kronor. Då jublar ingen! Att ha ett mål att spara pengar kan vara förödande, även om jag personligen behöver spara pengar – vare sig det är för en semesterresa eller annat. Därför ska du fokusera på VAD du vill spara till. Men om du säger att du ska banta, gå ner i vikt, är det är en från-motivator, trots att den kommer inifrån. Tänk om! Tänk inre-till-motivator. Då kommer du att springa i hjulet som en hamster.

Motivation finns i tre versioner:

> **Motivation 1.0 – Överlevnad:** Handlar om grundläggande behov som mat och pengar.

> **Motivation 2.0 - Straff eller belöning:** Belöningar kan vara materiella som en ny cykel eller en semesterresa. Metoden "Piska och morot" fungerar sällan långsiktigt. Morötter kan vara motiverande, men piskor är det inte.

> **Motivation 3.0 - Inre motivation:** Många människor vet vad de inte vill ha, men det är mer sällsynt att de vet vad de verkligen vill. Därför är det viktigt att du tar reda på vad du vill ha, snarare än vad du inte vill ha.

Morötter och piskor kan släcka den inre motivationen och minska presta-tionen. Inom idrottens värld lyckas många just för att de tycker att det de gör är roligt. Ett exempel är simhopparen/höjdhopparen/golfaren som tar guld eftersom det är så kul.

Piskan kan krossa kreativiteten, tränga undan goda beteenden, uppmuntra fusk och genvägar samt framkalla beroenden. De krav du sätter på dig själv kan skapa beroenden och främja kortsiktigt tänkande.

Ett exempel på inre motivation är Harlows pussel med apor. Aporna löste uppgiften enbart för att de tyckte det var givande. Glädjen var en belöning i sig.

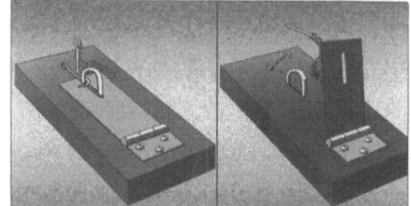

Skapa glädje för att lösa uppgifter!

94

Glädjebaserad inre motivation handlar om hur kreativ du känner dig när du arbetar med ett projekt. Du kan bemästra utmaningen.

Många upplever en stark motivation när de har en bra relation till ledaren. Då kan de på bästa sätt påverka förmågan att prestera. De som arbetar med ledarskap bör testa sig med hjälp av *Försvarshögskolans ULL*.

Övning – Motivation

Vilka aktiviteter motiverar dig bäst? Vad gör du på jobbet respektive på din fritid som motiverar dig bäst? Vad motiverar dig när det gäller kropp och själ (träning)? Skriv svaren på ett papper!

Om någon ber mig träna på gym, är det en yttre motivator. Det skulle aldrig fungera.

När du har skrivit vad som motiverar dig i olika sammanhang, fundera över vad det är som gör att just dessa saker upplevs motiverande. Skriv varför du blir glad av dem.

Linedans, golf, umgänge med släkt och vänner, ger mig glädje och längtan. Vilka är dina motiverande saker?

Fundera över vilken typ av motivator som finns i de punkter du skrivit upp? Är det en inre-till, inre-från, yttre-till eller yttre-från-motivator? Är det något som du längtar till eller något du längtar från?

Du kommer förmodligen fram till att de flesta saker är inre motivatorer. Ibland måste du omvandla motivatorn.

- Inre – Till?
- Inre – Från?

- Yttre – Till?
- Yttre – Från?

När du blir ombedd att göra något som du inte tycker är kul eller lätt, måste du omvandla det till en inre motivator. Att ändra en från-motivator till en till-motivator behövs. Hur gör du det? Leta upp något som stimulerar.

Exempelvis, om jag måste banta, blir målet inte att gå ner i vikt. Jag letar fram foton på när jag vägde mindre och sätter upp dessa. Sedan säger jag till mig att jag vill uppnå den kroppsvikten (i stället för att säga att jag ska gå ner i vikt).

Vad ska du göra för få mer av det du vill? Använd visualiseringsövningen som du tidigare lärt dig.

Vilket håll ska du gå? Dina förväntningar skapar din upplevelse. Om du är fokuserad på vad du vill ha, får du mer av det.

Övning – Fokusering

- Ta fram papper och penna. Skriv ner allt du ser omkring dig i rummet, allt som är blått. Ställ klockan på 30 sekunder. Lägg ner pennan!
- Blunda och försök sedan räkna upp allt som är rött omkring dig i rummet. Kom du på något?

Så...
VAD är det du
vill uppleva i ditt liv?

Troligen inte, eftersom jag bad dig fokusera på allt som var blått. Då missade du allt annat. Förstår du poängen? Det är så det fungerar. Du ser och upplever det som du fokuserar på. Om du fokuserar på saker du inte vill ha, då är det dem du upplever – inte de saker du egentligen vill ha. Därför är det viktigt att du fokuserar på RÄTT saker.

Stress, exempelvis, behöver du inte i ditt liv. En del säger att de vill ha positiv stress, men då menar de något annat. Stress utsöndrar noradrenalin, adrenalin och liknande från prefrontala cortex. Det vi kallar för "positiv stress" har ingenting att göra med stress. Det är en kick från ett helt annat ställe, nämligen dopamin-centrat. Se till att du får kickar om det är det du vill ha. Skapa dem! Saker som är beroendeframkallande och skadar dig bör du undvika.

Övning - Fyll i

Livet är:

_____

_____

Jag är:

_____

_____

Folk är:

_____

_____

Pengar är:

_____

_____

Det viktigaste att veta om lycka är:

_____

_____

Fyll i följande meningar – skriv på ett papper

• Livet är …
• Jag är …
• Folk är …
• Pengar är …
• Det viktigaste att veta om lycka är …

Armrörelserna

Inom Qigong talar vi om Gong, dvs antal gånger. För att klara certifikatet som handledare i Chi Neng Qigong, var jag tvungen att göra en armrörelseövning i 35 minuter. Övningen handlar inte om mekaniska rörelser utan om att fokusera utifrån *Mingmen* och inombords, samt upprepa en övning. Det är viktigt att använda den tänkta bollen mellan skulderbladen.

Föreställ dig att du skulle vilja träna denna rörelse i 30 minuter! Som du förstår måste du koppla bort den mekaniska träningen.

Jag rekommenderar att du gör denna rörelse i några minuter, några gånger per dag (inte i 30 minuter). Den stärker din armstyrka och hjälper dig att träna upp alla andra rörelser som utgår från *Mingmen*. Genom att träna *Mingmen* stärker du ditt rörelsemönster.

När du jobbar med armrörelserna, håll armarna raka med handlederna utåt, bröstpartiet öppet och axlarna nersänkta.

Stå i utgångsställning, benen lätt böjda, naveln in, bäckenbotten framåt, *Mingmen* ut. Armrörelserna förutsätter att du jobbar med *Mingmen*, som är din motor, samt med bollen/apelsinen mellan skulderbladen. Arbeta inte mekaniskt med armarna, för då får du mjölksyra. Fokusera från insidan av huvudet och ta bort alla tankar.

Du arbetar med bollen mellan skulderbladen:

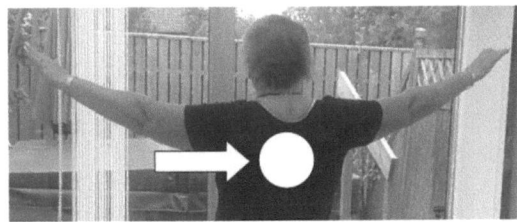

Tanken ska ligga i *Mingmen*! Så här går rörelsen till. Vill du se den, välj YouTube:

https://youtu.be/ifjNNg08nOw

1. Lyft armarna:

2. Samla qi i händerna:

3. Placera bollen mellan skulderbladen:

4. Slappna av:

5. Pressa ut qi:

Armrörelserna kan du träna varje dag.

Rörelsen känns lite som att du flyger. Tänk inte på armarna utan på *Mingmen*. Fortsätt sedan samma rörelse framåt. Så här:

1. Låt armarna gå rakt ut, axlarna ska vara avslappnade:

2. Håll armarna raka, handlederna utåt:

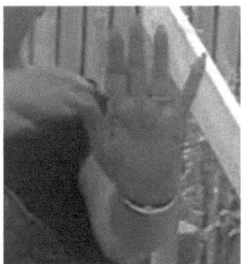

3. Lyft händerna (som om du skulle flyga) och dra axlarna bakåt:

4. Känn qi i händerna!
5. Pumpa ner armbågarna, bollen i ryggen ...:

6. Slappna av:

7. Pumpa ut armarna igen!

Testa att göra detta tio (10) gånger åt sidorna och tio (10) gånger framåt. Öka sedan. Gong betyder 100, så du kan göra alla rörelser 100 gånger.

Lyft upp Qi del 2

Det är dags att träna *Lyft upp Qi*, del 2. Öppningsdelen avslutas och del 2 påbörjas. Vill du, kan du lägga till avslutningen (som du redan lärt dig). Del 2 börjar där del 1 slutar, nämligen i Lucia-ställningen. Vill du se övningen, välj YouTube:

https://youtu.be/uJ8LNb4uEIM

Övning – Lyft upp Qi del 2

1. Stå i utgångsställningen med tungan bakom tänderna och slappna av i käkpartiet. Ha ett leende på läpparna. *Mingmen* ut, navel in, och böjda knän.
2. Börja med att lyfta upp händerna mot himlen.

3. Öppna finger efter finger tills du har en öppen triangel ovanför huvudet. Före-ställ dig att triangeln belyser din panna (tredje ögat, mellan ögonbrynen).

4. Släpp fingrarna helt och låt händer och armar falla ner till en rak linje.

5. Gör armrörelserna med fokus på att *Mingmen* är motorn.

6. Lyft upp och dra in energi, bollen i ryggen. Armbågarna neråt och slappna av i axlarna. Räta ut armarna. Upprepa denna rörelse tre gånger.
7. Sedan stänger du genom att föra armarna och händerna framåt.

8. Öppna upp! Gör detta tre gånger (stäng framåt, öppna upp till en rak linje). Därefter stänger du hela vägen så att armar och händer pekar framåt.

9. Lyft upp och gräv energi.

10. Dra armbågarna bakåt, bollen i ryggen förs ner, och slappna av.

11. För ut armarna. Upprepa detta tre gånger.
12. Lyft händerna lite uppåt och för armarna och handflatorna utåt sidorna (tre gånger), fram-tillbaka. Glöm inte andas!
13. Tredje gången för du handflatorna mot varandra.

14. Sträck upp armarna!

15. Föreställ dig att dina handflator är regn som faller ner.

16. Vänd handflatorna mot ansiktet och passera nedåt.

17. Låt armbågarna dra neråt. Sakta! Försök känna energin i dina händer.

18. Förbi bröstkorgen.

19. Ner till naveln.

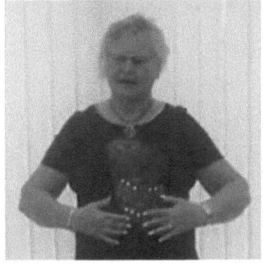

20. Tryck lätt ovanför naveln med långfingrarna.

21. Låt långfingrarna löpa runt midjan (som ett band) ut mot ryggen bak.

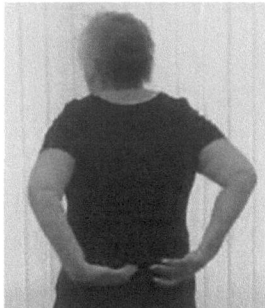

22. Tryck lätt mot *Mingmen*.
23. Fortsätt rörelsen ner över stjärten.

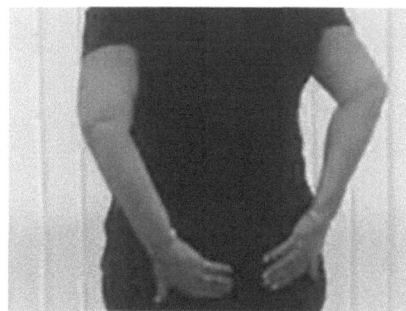

24. Fortsätt rörelsen ner längs benens baksida. Vik ihop dig som en fällkniv. Ner förbi baksidan av knäna och vaderna. Lägg händerna på fötterna.

25. Det är viktigt att händerna är parallella med fötterna (även om du inte når ner).

26. Nu är det dags för benrörelserna (som du tidigare har tränat på). Framåt, *Mingmen* styr och lyfter, bakåt och uppåt. Tänk en oval, äggliknande rörelse. Gör detta tre gånger.

27. Samla ihop energin vid fötterna/tårna och lyft upp inåt mot fötterna, upp längs frambenet. Upp längs insidan.

28. Låt kroppen följa med. Händerna passerar ljumskarna, upp till naveln och tryck med långfingrarna ovanför naveln.

29. Slappna av i hela kroppen och låt händerna falla ner till sidorna (utgångsställning).

Summering motivation

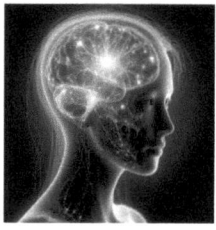

Du har lärt dig mer om stresshantering och hur du kan öka motivationen. Mycket stress och motivation styrs via hjärnan. Ju mer du kan kontrollera tankarna, desto bättre mår du. Du har fått en andningsövning där du utnyttjar dina tre Dantians, samt lärt dig mer om dessa. Samtidigt har du fått en ny del i *Lyft Upp Qi*-programmet och armträning.

7 Mentala vitaminkickar

Det är dags att träna på den tredje delen i *Lyft upp qi*-programmet. Träna även på förnimmelser (*Feldenkrais*-metoden). Då blir du medveten om kopplingen mellan andningen, rörelserna och förnimmelserna. Lär känna din kropp lite mer. Det är viktigt när du utövar Chi Neng Qigong att du lär dig att "läsa" av din kropp både inifrån och utifrån.

Lyft upp Qi del 3

Denna del påminner om del 2, fast omvänd. Notera att vissa tryckpunkter är annorlunda. När du har övat på denna del kan du sätta ihop följande sekvens:

1. Öppning = del 1
2. Del 2
3. Del 3 (denna del)
4. (Kommer längre fram ...)
5. Stängning = del 5

Övning – Lyft upp Qi del 3

Om du vill titta på film för detta, välj YouTube:

https://youtu.be/MmKpSJnBfD4

Börja med att lyfta upp armarna och händerna till en rak linje, med handlederna och handflatorna utåt.

Ta in qi och släpp ut qi. Rörelsen är samma som i del 2. Upprepa tre gånger och fortsätt sedan rörelsen framåt.

Rörelserna är samma som i del 2, men omvända. Tre gånger rakt fram. Därefter "målar" du uppåt med händerna.

Gör mjuka rörelser, försiktigt upp och ner, tre gånger. Vinkla händerna mot varandra och lyft upp armarna.

När armarna är ovanför huvudet, vinkla handflatorna nedåt och låt "regnet" falla. Här skiljer sig övningen åt från del 2. Du ska trycka med långfingrarna mot punkten Yintang (som finns mellan ögonbrynen).

Låt sedan långfingrarna vandra i en cirkel runt huvudet och tryck med långfingrarna mot punkten Yuzheng (som finns under skallbenet).

Fortsätt vandringen med händerna ner längs övre delen av ryggraden.

111

Stanna till. Låt händerna gå framåt över bröstet och sedan under armhålorna. Stanna vid punkten Dabao. Tryck och andas in kort tre gånger.

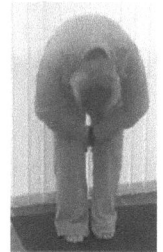

Fortsätt rörelsen bak till ryggraden.

Fortsätt ner till *Mingmen*. Tryck långfingrarna mot *Mingmen*.

Låt långfingrarna gå som ett band runt midjan och tryck lätt mot övre delen av naveln.

Fortsätt rörelsen nedåt på insidan av benen samtidigt som du viker ihop dig som en fällkniv.

Lägg händerna parallellt mot fötterna.

Gör benrörelserna tre gånger (se ovan). *Mingmen* lyfter kroppen. Samla ihop qi och låt händerna vandra uppåt på baksidan av benen.

Tryck lätt på *Mingmen*.

Låt fingrarna vandra i en cirkel bakifrån fram till naveln längs med midjan.

Släpp ner händerna till utgångsställning.

Lättare huvud med Feldenkrais

Genom att träna denna övning får du en inblick i hur mycket förnimmelserna påverkar ditt sätt att hantera kroppen. Efter avslutad övning hoppas jag du har fått ytterligare en viktig insikt om *Mingmen*.

Du kan göra övningen om och om igen. Varje gång kommer du att bli mer medveten om din kropp. Notera skillnaden i varje liten detalj.

Övning – Lättare huvud

Om du vill lyssna på denna inspelade övning, välj YouTube:

https://youtu.be/E4CikwAnqvg

Med hjälp av förnimmelser kan du lära dig att lättare lyfta huvudet. Kanske är du en person som får spänningshuvudvärk, gnisslar tänder eller har andra symptom beroende på inneboende stress. Då kan övningen vara till stor hjälp.

Inom qigong förnimmer vi insidan, medan *Feldenkrais* förnimmer utsidan.

Börja så här:

- ➢ Lägg dig på golvet på ett liggunderlag. Du kan ha en kudde under huvudet om du önskar.
- ➢ Ligg med raka ben. Går det inte, böj dem lätt och sätt fotsulorna i golvet.
- ➢ Slappna av.
- ➢ Börja med att lägga märke till hur du ligger på golvet:
  - o Hur vilar dina skulderblad mot underlaget?
  - o Hur stort är utrymmet mellan bäckenet och skulderbladen?
  - o Är det skillnad mellan höger respektive vänster sida?
  - o Har båda sidorna lika mycket kontakt med golvet?
  - o Ligger du på skinkorna?
  - o Hur ligger dina ben mot golvet?
  - o Hur vilar ditt huvud mot golvet?

Mingmen är ditt andra hjärta. Alla rörelser du gör kan du styra därifrån, men förnim alltid resten av kroppen. Vila en kort stund och rör dig sedan försiktigt efter övningen.

Feldenkrais-övning

Lätt huvud

De sju samurajerna - våra grundläggande känslor

Paul Ekman, en berömd amerikansk psykolog och forskare, har funnit att det finns sju (7) grundläggande känslor som hela världens befolkning uttrycker på samma sätt, oavsett var vi bor eller hur vi lever. Han har döpt dessa till *"De sju samurajerna"*:

1. Förvåning
2. Ledsamhet och sorg
3. Ilska
4. Rädsla
5. Glädje
6. Avsky
7. Förakt

Oavsett var människor befinner sig i världen, visar de dessa känslor i ansiktet på liknande sätt.

När du uttrycker dina känslor blir du medvetna om hur du handskas med informationen du bär på. Vissa personer i vissa delar av världen har ibland ett "stenansikte" så att andra inte kan läsa av dem. Själv är jag öppen som en bok.

Informationen berör omgivningen. Vad händer inom dig när du ser den information andra bjuder på? Du kanske inte har en aning om hur det påverkar dig?

Inom NLP (*neuro-lingvistisk programmering*) talar vi om *"rapport utan T"* när vi speglar andra människor.

De flesta känslor är ett samlingsbegrepp, och det finns fler än dessa sju. Detta är *Paul Ekmans* systematiska analys där han betonar att våra känslor påverkar ansiktsmuskulaturen. Ofta ser vi det tydligt på barn, mindre tydligt på vuxna. Notera och bli medveten om dessa subtila känsloyttringar. Se känslan innan personen som du kommunicerar med blir medveten om den. Det är en bra ledtråd när du kommunicerar med andra människor.

De finns tre klasser av ansiktsuttryck:

1. Lindriga
2. Partiella
3. Mikro-uttryck

De lindriga har låg intensitet men personerna använder hela ansiktet. Alla delar i ansiktet är med, men utan stor förändring. Ett lindrigt ansiktsuttryck förmedlar en initial svag känsla eller ett försök att dölja den. Jämför med en talangtävling där tvåan kramar om ettan och försöker dölja känslan av besvikelse.

Ett partiellt ansiktsuttryck är ett delvis uttryck, oftast synligt på två ställen i ansiktet. Det signalerar antingen en svag känsla som håller på att försvinna eller ett misslyckat försök att dölja en känsla.

Mikro-uttryck är blixtsnabba men fullständiga ansiktsuttryck som avslöjar vad personen känner. De kan vara svåra att upptäcka och kan också förmedla en undertryckt känsla.

Övning – Ansiktsuttryck

Fundera över dina ansiktsuttryck och synligheten av dina känslor. Maskerar du känslorna eller tillåter du dem fullt ut? Alla kan träna upp förmågan kring detta. När du upptäcker en känsla hos en annan person, säger den aldrig vad som utlöst känslan. Tolka eller värdera inte. En ilska behöver inte innebära att den är riktad mot dig utan kan vara inom personen.

- Ställ dig framför spegeln. Hur ser du ut när du är neutral? Hur ser du ut när du är förvånad? Höjer du ögonbrynen och öppnar munnen? Rynkar du pannan? Har du en stirrande blick?

- Hur ser du ut när du är ledsen? En del drar ögonbrynen snett neråt, vidgar näsborrarna och drar ner mungiporna. Men det kan vara påverkan på ögonlocken. Några sänker blicken.

- Fundera över hur du ser ut när du är arg. En del har ögon som skjuter blixtar, andra drar ner ögonbrynen över ögonen. Några kniper med munnen eller visar den snett. Signifikant är den vassa blicken.

- Hur ser rädsla ut? Kan du se paniken? Det kan vara styrt kring munnen (några pressar ut munnen som en lång grodmun som täcker halva ansiktet).

- Hur ser avsky ut? En del drar ihop hela ansiktet till en enda grimas.

- Hur ser förakt ut? Lägg märke till om munnen påverkas vid förakt. Ögonen uttrycker kanske ignorans.

- Glädje brukar påverka munnen som dras upp till ett stort leende. I den bästa av världar når leendet ögonen.

- Lägg märke till hur du använder känslorna. Tillåt dig att använda dem ännu mer. Då blir du säkrare i ditt jag och tryggare i tillvaron. Lär dig uttrycka dina känslor fullt ut så att du därmed ökar din självinsikt och självkänsla.

Mer mental träning

Här får du några övningar för att med mental träning öka ditt självförtroende med mera.

Övning 1 – Självförtroende

När du tittar dig i spegeln, vad ser du då? Ser du ett lejon eller en mus? Med dina tankar kan du bestämma vad som ska synas i spegeln. Att öka ditt självförtroende när det gäller att hantera en negativ känsla kräver att du använder ditt minne.

Föreställ dig förra gången du mådde likadant. Inse att du då klarade av detta. Kommer du ihåg? Det kan vara en gång då du kände dig deprimerad, frustrerad eller förkrossad. Du ändrade fokus och samlade ihop dig. Plocka fram dina framgångsrika handlingar ur ditt förflutna och sätt upp dem som förebilder för dig själv.

- Vad gjorde du då som fungerade?
- Ändrade du tanken kring vad och hur du fokuserade?
- Ställde du andra, bättre frågor till dig själv?
- Bröt du ditt mönster genom att ändra fysiologin? (Minns du en av de första övningarna i denna kurs, där du sträcker händerna upp mot himlen, ler och säger "fy sjutton vad jag mår dåligt" - och du märker att det då inte är så tungt längre?)

117

- Tog du en promenad för att komma tillbaka till ett mer balanserat tillstånd, eller gjorde du något annat som skapade glädje i ditt liv?

Leta upp känslan! Ta ett foto om du inte har ett från den stunden. Skapa en visualiseringsbild (karta) för ditt välbefinnande. När du använder dig av samma strategier som du använde tidigare, får du samma känsla och kan därmed öka självförtroendet.

Övning 2 – Hantera besvikelse

Denna känsla kan vara destruktiv. Ta snabbt hand om den. Vad som helst som gör att du känner dig sorgsen eller nedslagen, är en besvikelse. Det handlar om dina förväntningar. Om du känner dig besviken tillsammans med andra personer, inse att du behöver vara tydligare med dina förväntningar gentemot dem.

Vilka förväntningar strävar mot ett inre mål som du har. Om du inte är tydlig med dem blir du besviken. Omgivningen kan inte agera utifrån dina tankar, däremot utifrån dina uttalade förväntningar.

Gör så här:

1. Vad exakt kan du lära dig av din upplevelse kring besvikelse?
2. Ställ upp ett nytt mål - något inspirerande som du omedelbart kan göra framsteg mot. Ta mindre kliv så att du verkligen uppnår detta.
3. Läs min bok "**Framgångsrik & Lycklig**" om du vill lära dig skapa mål och resultat. Använd dig av tekniken i boken.
4. Skapa en visualiseringskarta och sätt upp en affirmation som du kan leva efter.
5. Orealistiska förväntningar bäddar för besvikelser. Så se till att du sätter upp realistiska förväntningar, mål och resultat.
6. Skapa mer tålamod. Inse att situationen inte är över och fantisera om ett annat slut - ett realistiskt slut. Du kan inte förvänta dig att ett frö som du sår idag ska vara ett träd i morgon.

7. Skapa en plan för att uppnå det som du egentligen vill. Rita, skriv ner, men framför allt planera i kalendern. Lägg in alla de aktiviteter som du måste göra för att drömmen ska bli verklighet.
8. Skaffa dig en positiv attityd och förväntan - oavsett vad som hänt just nu (som har skapat din besvikelse). Utgå från vad du vill ska ske. (Ibland är besvikelsen endast ett resultat av en tjattrande apa - som inte har ett dugg med verkligheten att göra - ett fantasifoster.)

Tänk stora tankar! Våga drömma!

Själv har jag påbörjat vägen mot målet med min nya visualiseringstavla. Bit för bit lägger jag mitt pussel, min verklighetsbild som omvandlar drömmen till resultat. Jag skapar en ny visualiseringstavla varje år.

KBT - Kognitiv BeteendeTerapi

KBT består av ett antal modeller som utmärks av att elementen logiskt och konsekvent hänger ihop. En modell är följande:

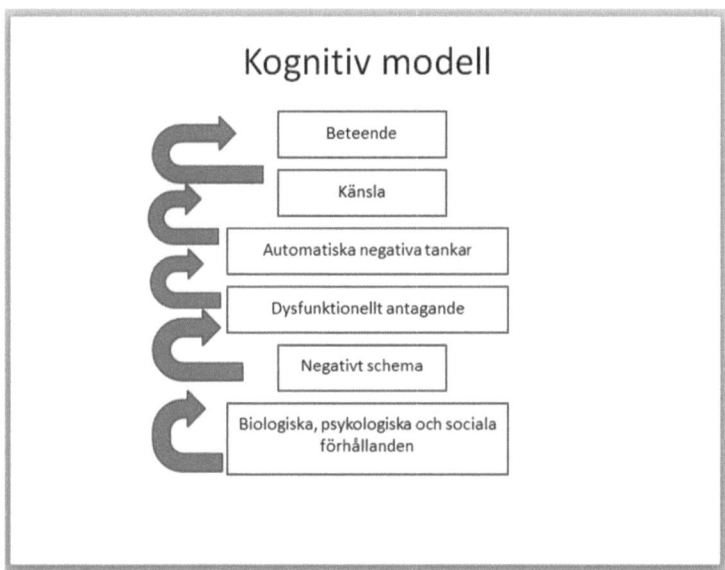

Börja nerifrån (på bilden): Här ser du att ett visst förhållande skapar ett negativt schema. Du upprepar något, ibland baserat på en tjattrande apa. Detta schema skapar i sin tur ett dysfunktionellt antagande. Du tror att det du tänker är sant, vilket i sin tur skapar ännu fler negativa tankar. Dessa tankar skapar en känsla som bekräftar ditt antagande (din fantasi). Känslan leder till det undermedvetna och till handling.

Du kan alltid bryta detta mönster - speciellt om du blir uppmärksam på hur mönstret ser ut. Notera dina tankar! (Gå tillbaka till tidigare avsnitt och repetera. Du har övningar för detta.) Börja fantisera! Lek med den positiva tanken! Skapa bilder som stimulerar den och bryt negativa mönster.

Exempel och tillämpning på KBT

Ett konkret exempel på ett negativt schema kan vara: "Jag misslyckades med en uppgift på jobbet och därför är jag inte kompetent."

Bryt mönstret genom att tänka: "Alla kan misslyckas ibland, och jag har lyckats med många andra uppgifter tidigare."

Skratt förlänger livet - Ditt ego

Ett hjärtligt skratt förlänger livet, sägs det. Fundera över ditt jag, ditt ego. Den här övningen går ut på att du ska få en rolig stund när du funderar över ditt jag.

Vilka beteenden och vilka styrkor besitter du? Ta dig en funderare!

Övning – Gör grimaser och förställ rösten

Låt oss säga att du gör grimaser och talar med mörk röst eller som en liten Disney-mus. Hur skulle du se ut då?

Du kanske skulle se ut så här?

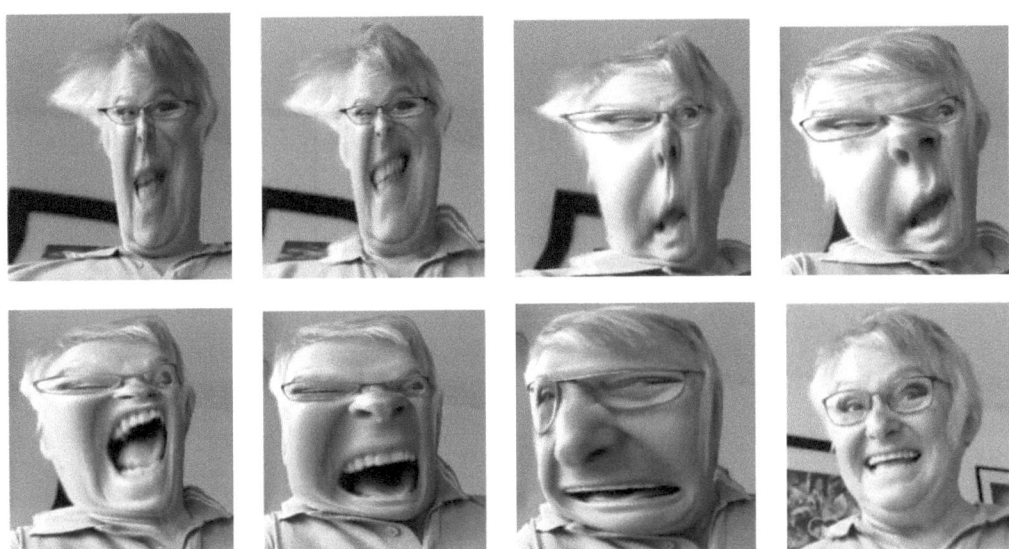

Hur gick det? Blev du "skrattsugen" av bilderna? Se till att ha en rolig dag. Livet är kort!

Reflektera över självbilden

Samtidigt som du skrattar, fundera över din självbild. Vi består egentligen av tre olika personer: ditt verkliga jag, det jag som du vill vara (ditt ideala jag) och det jag som omgivningen uppfattar, ditt spegel-jag.

Vilket av dessa "jag" är du? Den du egentligen är, den du vill vara, eller den som omgivningen uppfattar? Det kräver djupa tankar.

När du funderar över vem du är, lägg handen på hjärtat. En del säger "jag är den jag alltid är", men så är det inte. När du väljer att inte visa vem du verkligen är, bär du en mask. Situationen kanske kräver något annat av dig. Att tala med bönder på bönders vis är viktigt. Skiljer sig ditt agerande när du är på jobbet eller med familjen?

Bli medveten

Det gäller att bli medveten om dig själv. Kanske behöver du gå en kurs för att lära dig mer? Du kan lära dig om din styrkor, överdrivna styrkor (sådant som omgivningen retar sig på), och dina konfliktmönster. Vad händer när du blir arg?

I min bok **"Smekmånad livet ut"** (som handlar om relationer och självinsikt), kan du läsa mer om detta. Där får du tips och tester för att förstå din personlighet och dina konfliktmönster, vilket är mycket bra att veta.

Är ditt jag det jag du vill leva upp till?

Ju närmare dina olika "jag" ligger varandra (bäst om de överlappar), desto bättre. När ringarna i bilden ligger tätt, är dina olika jag väldigt lika.

Överdrivna styrkor och balans

Även om dina ringar ligger tätt, kan omgivningen reta sig på dina beteenden och styrkor. Om du överdriver dina styrkor, blir det irritation för alla närstående. Om du exempelvis är en kraftfull person, kan omgivningen uppfatta dig som en diktator när du överdriver. Då kan du balansera genom att använda en annan styrka, exempelvis en analytisk förmåga eller att lyssna på omgivningen (både kroppsspråk och vad de säger respektive inte säger). På så sätt minskar du överdrifterna.

Självreflektion

Ta en funderare på vem du egentligen är. Skriv ner ord och egenskaper som är dina styrkor. Fundera över om styrkan har en baksida. Om du exempelvis är en uthållig person är det bra, men om du överdriver kan du bli envis.

Egenskaper och beteenden

Vad har du för egenskaper? Egenskaper beskriver ditt sätt att vara. Fundera över dina beteenden. I min bok **"Framgångsrik & Lycklig"** kan du läsa mer om dina beteenden, som hur strukturerad du är, hur du fattar beslut, hur du planerar osv. Beteenden är signifikanta när du sätter ordet "att" framför, till exempel att göra, att planera, att strukturera. Egenskaper beskrivs med "en/

122

ett" framför, till exempel en *glad* person, en *pedantisk* person, en *tålmodig* person, en *envis* person. Baksidan av glad kan vara hysterisk.

Övning – Egenskaper

- Ta fram tre olika egenskaper som du tycker är signifikanta för dig.
- Fråga omgivningen om det stämmer.
- Fundera över vad är ytterligheten för dessa egenskaper är.
- Fråga omgivningen om du överdriver.

Summering vitaminkickar

Du har fått lära dig *Lyft upp Qi* del 3. Du har också fått en värdefull *Feldenkrais*-övning för att träna dina yttre förnimmelser. Inre förnimmelser är en viktig del i Qigong-träningen, och nu har du fått verktyg för att träna de yttre. Samtidigt har du blivit medveten om att din kropp och din hållning kan påverka andra delar av kroppen, och att kroppen är en helhet. Genom att låta den samarbeta kan du eventuellt minska smärtan.

Du har fått lära dig lite om de sju samurajerna - våra grundläggande känslor, och fått veta mer om mental träning och KBT. Avslutningsvis har du upplevt att skratt är nyttigt, samtidigt som du fått fundera över ditt ego.

8 Energitips

Du ska nu få del 4 i *Lyft upp qi*-programmet. Dessutom får du information kring numerologi, Feng shui, en användbar meditation samt lite info om vattenkristaller. Allt detta är tips för att "tanka" ordentligt med energi.

Numerologi

Numerologi (talmystik, talsymbolik, siffermystik) är tron på att olika tal har specifika betydelser. Varje tal sägs vara unikt och vissa tror att denna kunskap kan användas för att välja de mest gynnsamma tidpunkterna för exempelvis flytt eller stora affärer.

Numerologi är en pseudovetenskap och har kopplingar till både astrologi och tarot. Varje tal upp till 52 (antalet veckor på ett år) har en primär och en sekundär innebörd. Numerologi har studerats i över 5000 år, ofta i hemlighet eftersom det påstås att kunskapen kan vara farlig om den används för egen vinning.

Med hjälp av numerologi kan du räkna ut din livsväg, ditt ödestal, ditt själstal, ditt personlighetstal och ditt mognadstal. Exempelvis kan du räkna ut ditt livstal med hjälp av ditt födelsenummer.

Så här räknar du ut ditt livstal:

- Lägg ihop siffrorna i ditt födelseår, månad och datum. Exempel: 1953-06-10 = 1 + 9 + 5 + 3 + 0 + 6 + 1 + 0 = 25
- Om resultatet är mer än en siffra (undantagen är siffrorna 11, 22 och 33 som har en speciell innebörd), addera siffrorna igen: 25 = 2 + 5 = 7. Livstalet blir 7.

 Själv har jag fått veta att mina nyckelord är: medvetenhet, insikt, kunskap, vetskap och utforskande. Att min inre utveckling består i att söka svar på djuplodade existentiella frågor, en process som kan hjälpa andra människor att komma till insikt och förståelse. Gissa varför jag skriver den här boken?

Mitt yrkesval innebär att verka inom det pedagogiska området. Mitt ödesval innebär att jag ska utveckla mig själv för att bli en kunnig och kompetent ledare och förstärka min innovativa förmåga. Mitt öde är att bli en föregångsfigur.

Mina livs-affirmationer handlar om:

⇨ att välkomna alla tankar och känslor,
⇨ jag vara aktiv och ge mig in i spännande situationer,
⇨ att acceptera allt som kommer i min väg,
⇨ att möta mina medmänniskor med hela mitt väsen,

⇨ att låta hela mitt register komma fram,

⇨ att förlita mig på min inneboende förmåga, och

⇨ att ge mig själv kärlek och omtanke.

Min utveckling handlar om känsloreaktioner och att lära mig lita till min förmåga.

Eftersom mitt livstal är 7, bär det på planeten Neptunus energi, vilket står för visdom, andlighet, intuition och självkännedom. Vi "sjuor" betraktas som logiska, ärliga, djupa tänkare och ofta engagerade i livets mysterier. Vi kan vara roliga att umgås med, omtänksamma, förlåtande och medkännande. Tyvärr kan vi också vara lättsårade, ha problem med magen, bukspottskörteln, infektioner, gikt eller reumatism. Mycket av detta stämmer in på mig!

En livsnyckel innehåller följande delar med siffror. Siffrorna nedan är endast exempel:

- Ditt livsvägstal är: 7
- Ditt ödestal är: 2
- Ditt själstal är: 11
- Ditt personlighetstal är: 8
- Ditt mognadstal är: 8

Din livsväg
Livsvägstalet ger information om dina grundläggande talanger, energier och färdigheter samt möjliga yrkesval.

Ditt ödestal
Ödestalet är det tal som relaterar till ditt livs mening och dina mål.

Ditt själstal
Själstalet avser dina mest framträdande beteenden och drag.

Mitt själstal innebär att jag ska hjälpa till att befria världen från konflikt och orättvisor. Jag har en stark intuition, en längtan efter harmoni och älskar att ge av mig själv. Min drivkraft är att "visa vägen".

Ditt personlighetstal

Personlighetstalet ger dig information om dina mest framträdande beteenden och drag, hur andra människor ser och uppfattar dig.

Mitt personlighetstal säger att jag betraktas som ambitiös, inflytelserik, välorganiserad och affärsinriktad. Jag upplevs som visionär och kompetent, men kan ibland vara kontrollerande och påstridig.

Ditt mognadstal

Mognadstalet berättar om din personliga mognad och ditt inre jag.

Mognadstalet speglar framgång och handlingskraft. Ledarskap och företagsamhet är centrala teman i mitt liv.

Vattenkristaller

Masaru Emoto har skrivit flera böcker i vilka han har fotograferat vattenkristaller. Människokroppen består av 55-78% vatten, beroende på kroppsstorleken. Det är värt att tänka på.

"Vatten kan fungera som en spegel och vattnets kvalitet är en reflektion av vårt hjärta", säger *Masaru Emoto*.

Masaru Emoto har upptäckt att vattenmolekyler påverkas av våra tankar, ord och känslor. I boken "*Vattnets dolda budskap*" berättar han den fängslande historien om hur han fick idén att fotografera iskristaller och hur han, efter många mödosamma försök, slutligen lyckades. Med hjälp av fotografierna visar han hur negativa ord och förorenat vatten påverkar vattenmolekyler så att de inte kan bilda fullständiga iskristaller, medan positiva ord gör att de kan skapa underbara former och mönster. Han avslöjar hur olika sorters musik, olika tankar och känslor påverkar vattnet, oss själva och vårt sinnestillstånd.

Han säger: "Genom att ta tillvara den kunskapen kan du skapa en våg och förmedla kärlek och tacksamhet – de starkaste av alla känslor som även ger upphov till de allra vackraste iskristallerna – till oss själva, till andra och till hela vår planet."

Övning – Vattenkristaller

En av mina mentorer, var och lyssnade på *Masaru Emoto*. Han fick testa en övning som gick ut på att stoppa riskorn i vatten i två olika burkar med tättslutande lock. Testa själv!

Varje dag, öppnade han locket till den första burken och talade kärleksfullt och ömt till riskornen. Sedan öppnade han locket till den andra burken och skällde, skränade och svor åt riskornen.

Efter några dagar var riskornen olika i burkarna.

Jag har testat samma sak, och till min stora häpnad blev även mina riskorn olika. I burken där jag svor och skrek blev kornen bruna och sura. Men båda burkarnas riskorn surnade till slut. Enligt *Emoto* händer detta eftersom vatten som stängs in surnar. Vattnet i en frisk bäck rör sig, flödar och förblir friskt.

Med Qigong hoppas jag att din kropp förblir frisk eftersom qi då kan flöda fritt. Med detta tips vill jag ge dig en medvetenhet om att du faktiskt påverkas av ord och tankar. Och vem vill surna inifrån?

Feng Shui

Feng Shui betyder "vind och vatten", är en gammal kinesisk pseudovetenskap som handlar om hur människor, djur och växter påverkas av naturen. *Feng Shui* bygger på läran om de fem elementen och tankar om qi (livsenergi), som finns både i människor, djur och natur. Dessa tankar är ofta kopplade till daoism, en av Kinas tre traditionella religioner/filosofier, jämte konfucianismen och buddhismen.

Under de sista årtiondena har *Feng shui*, liksom andra traditionellt kinesiska metoder som traditionell kinesisk medicin, qigong och akupunktur, blivit alltmer populära i Sverige. Till skillnad från i Kina, Hongkong och Taiwan används *Feng Shui* främst i Sverige för heminredning och betraktas ofta inte lika seriöst. Det är liknande fenomen med *Currylinjer* – vissa människor avfärdar dem, medan andra ser dem som betydelsefulla. Exempelvis utövar samerna *currylinjer* på ett annat sätt. Jag tror personligen att ju mer kunskap vi har om naturen och ju närmare vi lever naturen, desto viktigare blir dessa metoder.

Vissa anhängare av *Feng Shui* hävdar att det är vetenskap, medan andra menar att det inte finns några vetenskapliga belägg för att *Feng Shui* fungerar eller att qi har något att göra med heminredning.

Introduktion till Feng Shui

Feng Shui är användbart när du vill inreda ditt hem. Ett centralt verktyg är *Baguan*, ett rutnät bestående av nio (9) rutor som visar olika delarna av ditt hem. Dessa områden är knutna till olika aspekter av ditt liv, se bild nedan.

Välstånd Pengar Överflöd	Berömmelse Rykte Upplysning	Relationer Kärlek Äktenskap
Äldre släktingar Familj Människor där du bor	Hälsa * Helhet	Kreativitet Barn Projekt
Kunskap Visdom Personlig utveckling	Karriär Livsväg Andlig utveckling	Hjälpsamma vänner Medkänsla Resor

Ovanstående beskrivning är baserad på *Karen Kingstons* sätt att se på *Feng Shui*. Mittrutan, som även kallas navet, placeras i det utrymme som du vill analysera. Se till att ingen röra/oordning blockerar detta område. Du kan använda *baguan* på vinden, i källare, hus/lägenhet, förråd, kontor osv. Placera *baguan* så att du får en genomlysning av rummet, exempelvis så här:

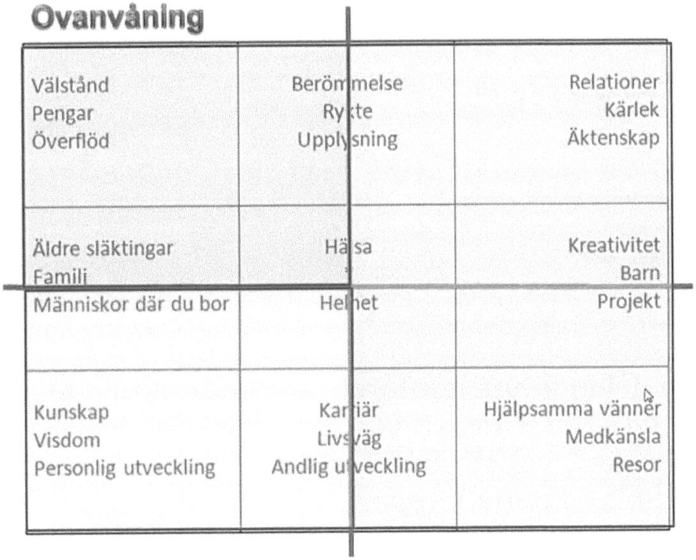

Ovanvåning

Välstånd Pengar Överflöd	Berömmelse Rykte Upplysning	Relationer Kärlek Äktenskap
Äldre släktingar Familj Människor där du bor	Hälsa Helhet	Kreativitet Barn Projekt
Kunskap Visdom Personlig utveckling	Karriär Livsväg Andlig utveckling	Hjälpsamma vänner Medkänsla Resor

När jag applicerade kartan på min tidigare bostad, hade jag ingången i fältet där det står "äldre släktingar". Tvättstugan låg i området "välstånd". Om jag hade haft röra i tvättstugan, som skor eller annan oordning, skulle det ha påverkat ekonomin negativt i mitt liv. Vi hade ett trapphus ner till undervåningen och där det står "kunskap", fanns köket. Detta innebar att min kunskap skulle ha påverkats negativt om köket var stökigt.

I den högra halvan av bilden, hade vi vardagsrummet. Röra där skulle ha påverkat äktenskapet och kärleken negativt. I den nedre delen av området hade vi matrum och bokhyllor. Om dessa områden var stökiga, skulle det ha påverkat relationerna med vännerna.

129

Undervåning

Välstånd Pengar Överflöd	Berömmelse Rykte Upplysning	Relationer Kärlek Äktenskap
Äldre släktingar Familj Människor där du bor	Hälsa Helhet	Kreativitet Barn Projekt
Kunskap Visdom Personlig utveckling	Karriär Livsväg Andlig utveckling	Hjälpsamma vänner Medkänsla Resor

I den övre vänstra delen fanns kontoret. Röra där skulle ha påverkat välstånd och pengar negativt. I den nedre vänstra delen hade vi ett förråd som var överbelastat med saker, vilket påverkade kunskap, personlig utveckling och livet i stort, vilket ibland satte käppar i hjulet. I den nedre högra delen fanns badrum och linneförråd. Röra på dessa platser hade påverkat relationer med vänner negativt. Slutligen hade vi sovrummet i den övre högra delen. Stök där skulle ha påverkat relationen negativt.

Rensa ut röran

Var har du röra? Ta reda på det och se hur det påverkar dig. Röra bildar stopp i energiflödet, vilket påverkar dig och ditt liv negativt. Överbelamring kan göra att ditt rykte, din popularitet, entusiasm och inspiration minskar. Stopp i "ytan för släktingar" kan leda till auktoritetsproblem i samhället.

Stök i hallar påverkar hälsan negativt, vilket jag absolut vill undvika. Överbelamring i området "kreativitet, barn och projekt" kan leda till relations- eller kreativitetsproblem. Om området för "kunskap och visdom" är stökigt påverkas din förmåga att fatta beslut och utvecklas som människa.

Problem i området för "karriär, livsväg och andlig utveckling" skapar en ständig kamp i livet. Du får uppförsbacke och fastnar i gamla spår. Röra och överbelamring i området för "vänner" kan leda till känsla av ensamhet. Om du känner dig exkluderad, är detta extra problematiskt eftersom ensamhet är en av de tre stora rädslorna.

Börja med att titta på vilka prylar du har och var det finns oordning. Bygg ut strukturer och rensa! I samband med en flytt rensade jag ut allt jag inte längre behövde. I två år skänkte jag bort saker. Detta förbättrade energiflödet i min nya, mindre lägenhet.

En källare eller vind med överbelastning symboliserar ofta obearbetade problem från ditt förflutna, vilket kan leda till mentalt mögel i livet. Detta kan göra att du blir deprimerad, saknar mål och har svårighet att gå framåt. Allt på grund av saker som du kanske inte behöver som blockerar din energi.

Se till att energin flyter i ditt hem. Tänk på dörrar och deras placering. En bakdörr kan fungera som en mun, vilket innebär att saker kommer in bakvänt och skapar mental förstoppning. Notera var du har speglar och tänk på att inte placera soffor för nära fönstren. Se till att luften flödar i ditt hem.

Om du har en dörr med ett fönster mitt emot, går qi (energin) ut. Ett sätt att hantera detta är att inreda med stora gröna växter.

Övning – Feng Shui

Ta fram bilderna ovan och jämför hur det ser ut i ditt hem. Rätta till sådant som behöver fixas. Några användbara tips med hjälp av grundläggande principer:

1. **Placering av sängen:** Sängen bör placeras i en så kallad "kommandoposition", vilket innebär att du kan se dörren från sängen utan att vara i direkt linje med den. Undvik att ha sängen under ett fönster.
2. **Rensa bort onödiga saker:** Ett städat och organiserat rum främjar en jämn ström av energi. Försök att hålla rummet fritt från elektronik och andra distraherande föremål.

3. **Använd naturliga färger:** Välj jordnära och naturliga färger för att skapa en lugn och harmonisk atmosfär. Undvik starka och skrikiga färger.
4. **Balans mellan de fem elementen:** Inkludera trä, eld, jord, metall och vatten i inredningen. Till exempel kan du använda växter för trä, ljus för eld, keramik för jord, metallföremål för metall och en liten fontän för vatten.
5. **Stabilitet och stöd:** En solid sänggavel representerar stabilitet och stöd, särskilt i romantiska relationer.

Genom att följa dessa grundläggande principer kan du förbättra energiflödet och harmonin i ditt hem.

Meditation - Gluggen

När mina döttrar var yngre gav de mig en bok på engelska som (fritt översatt) heter *"Meditation för kvinnor som arbetar för mycket"*. Den är en fantastisk bok med en meditation per dag för att vara närvarande i nuet, trots stor arbetsbelastning. Boken innehåller meditativa budskap för oss som älskar att arbeta. Jag har valt en av dessa meditationer och skapat en fri översättning.

Närvarande i nuet

Möjligheter kommer inte alltid när du förväntar dig dem eller i den form du hoppas. I stället för bländande ljusblixtar från en klarblå himmel, kommer de ofta som små röster som viskar till oss i de mest oväntade stunder.

Din potential är kopplad till din förmåga att vara närvarande i ögonblicket. Uppmärksamhet kan vara en av de viktigaste kompetenser du har. OBS: Vem som helst kan gå igenom en vidöppen dörr. Jag hoppas att du upplever tecknen som visar dig gluggen till lycka.

Övning – Meditation "Gluggen"

Vill du lyssna på inspelningen, välj YouTube:

https://youtu.be/yXqOO_D5p7M

Sätt dig eller lägg dig och meditera genom att sätta på någon vacker musik. Slut ögonen och föreställ dig "gluggen". Le med hela ansiktet i vetskapen om att du gör ditt eget val, och att du är värdig det valet.

Börja så här:

> ➤ Slut ögonen och ta ett djupt andetag – in genom näsan och ut genom munnen.
> ➤ Föreställ dig att du står vid ett staket i trä med ett litet hål; en liten glugg.
> ➤ Böj dig fram och sätt ögat mot gluggen.
> ➤ Vad ser du om du kikar genom gluggen?

Lyft upp Qi del 4

Detta är sista delen i *Lyft upp Qi*-programmet. Denna del riktar sig till kroppens sidor. Kombinera denna del med de delar du tidigare har lärt dig. Vill du lyssna/se inspelningen, välj YouTube:

https://youtu.be/8OxIUD74HoA

Gör så här för del 4:

- Börja i utgångsställning.
- Lyft händerna diagonalt upp och utåt (som när du lyfter en tung gryta), upp över huvudet.
- Låt händerna sakta falla ner över huvudet (som om de duschar håret), längs med öronen, ner till axelhöjd.

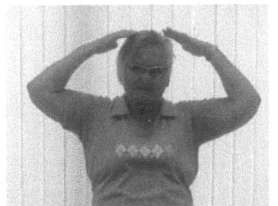 

- Vänd handflatorna utåt.
- Låt höger hand sakta gå framåt.

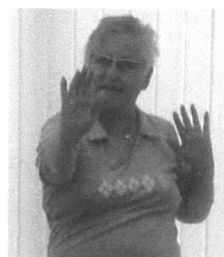

- Vinkla handflatan mot vänster.

- Rotera 45 grader (tills det tar emot).

- Sätt tummen mot den övre leden på långfingret.

- Rotera runt axelpartiet.

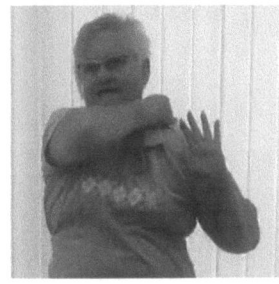

- Fortsätt ner till nyckelbenet och tryck med långfingret (hopklistrat med tummen) mot nyckelbenet.
- Upprepa samma rörelser med vänster hand.

- Vrid 45 grader som med tidigare hand.
- Sätt tummen mot övre delen på långfingret och rotera runt axelpartiet.
- Fortsätt ner till nyckelbenet och tryck med långfingret.

- Ta ett djupt andetag och flämt-andas tre gånger.
- Slappna av och låt händerna rotera så att en Lotus-blomma bildas.

- Släpp och sätt ihop händerna till Lucia-ställning.

- Avsluta i Lucia-ställningen och slappna av.

Summering Energitips

Du har fått lära lite om numerologi samt tänkvärdheter kring vattenkristaller. Vidare har du fått information om *Feng Shui*, en metod för att skapa ordning och harmoni i hemmet och på jobbet.

Du har tränat på att meditera mer för att hitta glädje och energi. Slutligen har du fått sista delen av *Lyft Upp Qi*-programmet. Ta vara på naturens energi - träna Qigong och lev i nuet!

9 Hypnos mm

Djup avspänning kallas för hypnos. Varje morgon och kväll går du ner i ett hypnotiskt transtillstånd innan du vaknar eller somnar. Transtillståndet kallas för *ALFA-tillståndet*. Detta tillstånd kan du skapa genom qigong-meditation.

REM-sömnen har du uppnått när du drömmer och sker strax innan du vaknar eller kommer ner i djupsömnen.

Hypnos i allmänhet

Hjärnan kan vara ganska lättlurad och tänker gärna snabbt men fel. Det är lätt att falla i tankefällor och argumentationsfel, som till exempel personangrepp. Genom att förstå hur din hjärna fungerar och hur du tänker kan du öka ditt kritiska tänkande och minska risken för dessa fel.

Många människor är rädda för hypnos. Ändå är det något som alla människor upplever minst två gånger om dygnet. Då hamnar du i ett slags transtillstånd. Det kan även inträffa när din hjärna tar mikropauser, till exempel när du tänker på vad du ska ha till middag på lördag eller på någon vacker upplevelse.

Vad beror detta på? Hjärnans aktivitet har olika frekvenser som varierar mellan 0 och 50 Hz. När du är vaken och tänker logiskt (med vänstra hjärnhalva) svänger hjärnvågorna cirka 20 gånger per sekund (Hz), vilket kallas *betanivå*.

När du är avslappnad eller dagdrömmer (med högra hjärnhalva) eller nästintill i lätt sömn, svänger frekvensen mellan 7 och 13 gånger per sekund, vilket kallas *alfanivå*. Jag arbetar med *alfanivån* vid hypnos. Det finns även lägre frekvenser som kallas *theta* (3-7 Hz) och *delta* (0,1-3 Hz), som motsvarar djup sömn.

Alfanivån är i stort sett samma tillstånd som uppnås via meditation eller guidad avslappning. Genom EEG kan man mäta dessa elektriska aktiviteter i hjärnan.

Hypnosens historia

Hypnosens ursprung kan spåras till Egypten där präster botade sjukdomar. På British Museum finns en relief från en grav i Thebe som visar en egyptisk hypnotisör och hans patient. De gamla grekerna hade ett slags sömntempel och kelterna använde begreppet "magisk sömn". Grottmålningar visar att människan redan för ungefär 1.000 år sedan experimenterade med hypnos.

Animalisk magnetism

År 1584 utförde den italienska matematikern *Girolamo Cardan* ett experiment där anestesi (upphävandet av känsel) uppnåddes med hjälp av en magnet. Detta ledde till teorier om att magnetism kunde förklara naturliga fenomen. Under mitten av 1700-talet influerades den tyske läkaren *Franz Mesmer* av dessa idéer. Enligt hans teori hade planeterna inflytande på människans hälsa genom en osynlig magnetisk gas som omgav våra kroppar. *Mesmer* trodde att människan med viljekraft kunde flytta denna magnetiska vätska till olika områden i kroppen och därmed skapa förändringar. Han behandlade patienter med magneter och resultatet var häpnadsväckande; patienter blev bra från alla möjliga symptom.

Upptäckten av ett nytt tillstånd

År 1787 upptäckte den franske aristokraten *Markis de Puységur* ett tillstånd som kallades artificiell somnambulism (framkallad trance). Detta var ett slags sömn där behandlaren kunde dirigera patientens tankar och handlingar.

Puységur blev snabbt en framgångsrik hypnoterapeut och folk vallfärdade till honom från hela Frankrike. I början av 1800-talet beskrev den franske fysikern *Alexandre Bertrand* detta tillstånd som något orsakat av individens egen föreställning.

Den portugisiska munken *Abbé Faria* introducerade orientalisk hypnos och var den förste som framkallade somnambulism hos försökspersoner genom att säga "sov" till dem. Trots framstegen mötte hypnosen motstånd från läkarkåren och utvecklingen stagnerade i över 60 år. Hypnos blev i stället en underhållning med kringresande estradörer som demonstrerade trancetillstånd för publik.

Trance i medicinskt syfte

År 1841 gav den schweiziske magnetisören *Charles Lafontaine* en uppvisning i magnetiska experiment i Manchester, England. Den välkände läkaren från Skottland, *James Braid*, var på plats och såg föreställningen. *Braid* började experimentera med vänner och släktingar och upptäckte att han kunde använda trancen för medicinska och kirurgiska syften. Han insåg att resultaten berodde på suggestionernas inverkan på individen. Det var *Braid* som började använda ordet "hypnos", som kommer från det grekiska ordet för sömn. Skillnaden är att du vid hypnos inte sover utan hör allt och är kommunicerbar.

Hypnos vid operationer

James Esdaile anses av många som pionjären i att använda hypnos som kirurgisk anestesi (narkos). *Esdaile* var stationerad i Indien och utförde tusentals operationer med hypnos som anestesi under 1800-talets mitt, då det inte fanns någon form av smärtstillande. Alla operationer utfördes på människor utan någon form av bedövning. Genom hypnos kunde *Esdaile* mildra den postoperativa chocken och minskade dödligheten från 50% till mindre än 8%. Han dokumenterade alla fall och presenterade dem för The Royal Society of Medicine i England. *Esdaile* förbjöds att använda hypnos vid operationer eftersom styrelsen menade att Gud hade skapat smärta för människan att uppleva, och att ta bort smärtan skulle vara att gå emot Gud. Kort därefter uppfanns kloroform och hypnosen föll i glömska eftersom kloroform var enklare och snabbare att använda.

Hypnos som underhållning

Under 1800-talet förkastades hypnos av läkarkåren. Därför användes den i stället till magiska uppträdanden på scen. Detta är anledningen till att ordet "hypnos" började få en magisk innebörd och skrämma folk, eftersom de förväntade sig magi.

Hypnosen vinner mark

Hypnosens utveckling

Den franske läkaren *Ambroise-Auguste Liebeault*, verksam i slutet av 1800-talet, utvecklade hypnosen och brukar kallas för den moderna hypnosens fader. Han var en vanlig landsortsläkare som började intressera sig för hypnos och lade grunden för suggestionsterapin. Hypnosen blev ett värdefullt verktyg inom läkekonsten. Hans framgång byggde på att han inte tog betalt om patienten gick med på att behandlas med hypnos i stället för på det traditionella sättet.

Han blev så känd att den berömda franska neurologen, *professor Hippolyte Bernheim*, fick höras talas om honom. *Liebeault* lyckades bota ett fall av kronisk ischias som *Bernheim* haft hand om. *Bernheim* blev irriterad över detta och beslutade sig för att avslöja *Liebeault* som kvacksalvare. Han blev dock så imponerad av det han såg att han accepterade hypnosen och blev en av de största auktoriteterna på området. Eftersom hans anseende var stort i Europa kunde läkarkåren inte negligera hans åsikter. 1886 publicerade *Bernheim* sin berömda bok ”*De la Suggestion*” i vilken han påvisar många exempel på hypnosens läkande effekter och fastslog att många symtom var av psykisk karaktär.

Nya upptäckter inom hypnosen

År 1880 kom den österrikiske läkaren *Josef Breuer* med en viktig upptäckt som innebar att hypnosen kunde användas i vidare sammanhang än att bara suggerera bort symtom. Av en tillfällighet upptäckte han att när hans patient *Bertha Pappenheim* fick tala fritt under hypnos, visade hon en djup emotionell reaktion och efter detta försvann många av hennes symtom.

När hans kollega *Sigmund Freud* (psykoanalysens fader) fick reda på detta blev han intresserad och hjälpte *Breuer* att undersöka fallet. De bekräftade att det fungerade och i stället för att direkt eliminera symtomen började man undan-röja orsakerna till symtomen. *Freud* blev besviken på hypnosen eftersom han inte kunde framkalla ett tillräckligt djupt trancetillstånd hos sina patienter och förkastade hypnosen som metod. I stället började han använda psykoana-lysen som han själv utvecklat.

Hypnosen får fart igen under första världskriget

Under första världskriget förstod tyskarna hur effektivt det var att använda maskingevär i strid. Under slaget vid Somme mejade tyskarna ner tusentals brittiska soldater inom bara några minuter. Sjukhusen fick in mängder med sårade soldater, kloroformen tog slut och läkarna fick använda hypnos. Hyp-nosen spreds igen och amerikanarna tog den med sig till USA. Under andra världskriget använde flera amerikanska läkare hypnos som ett effektivt verk-tyg för att reducera smärta och hindra patienter från att gå in i chock. 1958 erkände till slut *The American Medical Association* hypnos som ett användbart verktyg.

Hypnosen idag

Två legendarer som bidragit till den moderna hypnosen är den amerikanske psykiatrikern *Milton Erickson* och hypnotisören *Dave Elman*. *Erickson*, som dog i början av 1980-talet, var i över 50 år världens främste inom hypnoterapi. Han väckte den amerikanske psykologen *Clark Hulls* nyfikenhet. *Hull* började forska i hypnos, vilket 1933 ledde fram till den första banbrytande vetenskap-liga avhandlingen om hypnos "*Hypnosis and Suggestibility*".

Erickson har varit en viktig influens för hur hypnos och hypnoterapi utförs idag. Han har också haft en stor influens på *NLP (Neurolingvistisk programmering)*, som delvis är baserad på hans arbetsmetoder. *Richard Bandler* och *John Grinder* skapade NLP-metodiken.

Det medvetna och det undermedvetna sinnet

Det medvetna sinnet innehåller det du för närvarande är medveten om. När vi talar om det medvetna menar vi den lilla rösten du har i huvudet. Det är den del du aktivt tänker med. Den kan bara rymma ett litet antal idéer eller tankar samtidigt.

Det undermedvetna sinnet rymmer all din vishet, minne och intelligens. Det reglerar kroppen och automatiska funktioner som andning, blodomlopp och vävnadsförnyelse. Det medvetna kan inte läka ett sår eller få hjärtat att slå fortare vid behov. Det undermedvetna är sätet för dina känslor och din fantasi, och det styr nästan hela ditt beteende. Allt som någonsin har hänt dig och allt som du någonsin har föreställt dig finns lagrat som en multisensorisk inspelning i ditt undermedvetna. Har du någon gång haft deja vu-upplevelser? Då kan det vara bra att veta att det undermedvetna arbetar genom associationer, genom att betrakta någonting och se likheterna med en tidigare händelse.

Det medvetna sinnet står för en liten del av dina dagliga aktiviteter. Det mesta av det du tänker, känner och gör styrs av det undermedvetna. Ditt agerande sker utifrån känslor och upplevelser som du tidigare varit med om och som lagrats i ditt undermedvetna. Det är här dina vanor lagras. Det undermedvetna sinnet kan inte skilja eller värdera, utan utför bara ett inlärt mönster. När du upplever att du inte kan förändra dina känslor och tankar, att du repeterar ditt beteende om och om igen eller inte kan bryta en vana, sitter orsaken fast i det undermedvetna. I ditt undermedvetna finns din fantasi och intuition och är därmed en kraftfull motor till förändring.

Hypnos som verktyg - Hur fungerar hypnos?

Hypnos är en motorväg in i det undermedvetna, förbi det medvetna rationella och analytiska tänkandet. Enkelt beskrivet är det ett sätt att komma i kontakt med ditt undermedvetna, din kreativa intelligens, utan att det medvetna analyserar eller sätter begränsningar. Hypnosen är ett fokuseringsverktyg för att skapa snabba och kraftfulla förändringar i ditt undermedvetna och i dina känslor, tankar och beteenden. Det är inte tillståndet i sig som åstadkommer förändringarna, utan vad du väljer att konfigurera om vid hypnostillfället.

Vad är således hypnos?

Hypnos är ett naturligt och behagligt tillstånd. Personen som utövar hypnosen har en juridisk och moralisk skyldighet att närma sig den hypnotiserade personen på ett etiskt sätt och att ha i åtanke att det viktigaste i processen är den hypnotiserade personens välbefinnande.

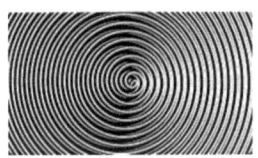 Hypnotism kan liknas vid elektricitet. Ingen vet säkert vad det är, men vi använder det ändå. Både elektricitet och hypnos har kraft. I grund och botten kan hypnos ses som ett sinnestillstånd som främjar det undermedvetna beteendet snarare än ditt medvetna beteende. Hypnos är medlet för att framkalla det undermedvetna, lyhörda sinnestillståndet. Du kan tänka dig att det är ett sätt att programmera sinnet så att det fungerar genom det automatiska nervsystemet snarare än det sympatiska nervsystemet, vilket är mest märkbart i vardagligt beteende.

Många är rädda för hypnos, men faktum är att de flesta människor försätter sig själva i självhypnosen flera gånger per dag. Du har kanske upplevt att du ibland, när du åker allmänna kommunikationsmedel (eller till och med kör själv) undrar hur du hamnat där du just nu befinner dig. Då har din hjärna tagit en mikropaus och landat i självhypnos.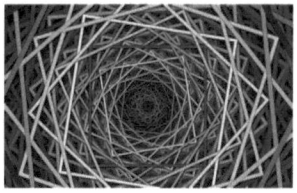

Att hamna i hypnos

Att hamna i hypnos resulterar i att uppmärksamhetsfältet minskar. Endast ett mycket litet spektrum av stimuli uppfattas via hypnotisörens instruktioner. Men alla kan inte bli hypnotiserade, eller snarare, alla vill inte bli det.

Hypnos är ett tillstånd av fördjupad avslappning och koncentration där personen är öppen för förslag. Det är ett medvetandetillstånd där en person är mer mottaglig för suggestioner och påverkan. Hypnos används ofta som en terapeutisk metod för att behandla olika tillstånd och symtom. Här är några viktiga punkter om hypnos:

- **Fördjupat medvetandetillstånd.** Under hypnos når en person en avslappnad och fokuserad nivå av medvetande. Det är inte som att vara sömnig eller frånvarande, utan snarare ett tillstånd där medvetandet är koncentrerat och uppmärksamt på det som händer.
- **Suggestion och påverkan.** Hypnos involverar användningen av suggestioner, där hypnotisören ger förslag till den hypnotiserade personen. Dessa förslag kan vara avsedda att påverka tankar, känslor eller beteenden.
- **Terapeutisk användning.** Inom klinisk hypnoterapi används hypnos som en kompletterande metod för att behandla olika tillstånd, inklusive smärthantering, ångest, fobier, sömnproblem och andra psykiska hälsoproblem. Hypnoterapeuter arbetar ofta med klienten för att utforska och omprogrammera tankemönster.
- **Induktion och uppvaknande.** Att nå hypnos innebär ofta en induktionsfas där personen blir guidad till det fördjupade tillståndet. Efteråt finns en uppvakningsfas där personen gradvis återgår till sitt normala medvetandetillstånd.
- **Frivillighet och samarbete.** Hypnos kräver samarbete mellan hypnotisören och den hypnotiserade personen. Det är viktigt att notera att en person inte kan tvingas att göra något mot sin vilja under hypnos.

Välj en kvalificerad och erfaren hypnoterapeut om du överväger att använda hypnos som en terapeutisk metod. Personer reagerar olika på hypnos, och det fungerar inte för alla. Dess effektivitet kan variera beroende på individuella skillnader och det tillstånd som behandlas. En del har frågat mig om jag kan få folk att sluta röka, minska rädslor osv. Det mesta går att åstadkomma, men jag kan inte få folk att ändra beteenden. Det måste de själva vilja. Så om du vill något, går det att testa med hjälp av hypnos.

Själv använder jag mig av hypnos för att minska smärta när min reumatism blir outhärdlig.

All hypnos är på sätt och vis självhypnos, eftersom det är en intern process som sker i individen. Det finns dock vissa skillnader.

Klinisk hypnos

Klinisk hypnos förutsätter att man har ett expertisområde och att man lär sig att applicera hypnosmetoder inom detta område. För att lagligt arbeta med klinisk hypnos inom sjukvård, tandvård och terapi krävs att hypnosbehandlingen utförs av legitimerad läkare, tandläkare, psykolog eller terapeut.

Riktigt hur eller varför hypnos fungerar vet ingen med säkerhet. Det finns olika teorier, men ingen som är helt övertygande. Vi vet att en person i hypnos har specifika hjärnvågor och att blodflödet i hjärnan förändras. Det finns indikationer på att hypnos påverkar det autonoma nervsystemet, som reglerar kroppens inre organ.

Hur känns hypnos?

De flesta upplever en känsla av mental och fysisk avslappning under hypnos. Det uppstår ökad fokusering på dina inre upplevelser och din kontroll. Dina sinnen skärps, du blir mer alert och kan fatta snabbare och bättre beslut.

Kan alla hypnotiseras?

I princip kan alla hypnotiseras, men det är inte alla som tillåter sig att bli hypnotiserade. Hypnos påverkas av motivation, inlevelseförmåga och förtroende för metoden och den som utför hypnosen. Är du rädd, skeptisk eller har ett starkt kontrollbehov kan det vara svårt att slappna av, och då har du svårare att komma in i hypnos.

Självhypnos och utvecklingshypnos

Inom personlig utveckling kan hypnos användas som ett effektivt verktyg för egenutveckling. Genom självhypnos kan individen skapa större medvetenhet, kontroll och styrning över egna tankar, känslor och beteenden, och därmed åstadkomma positiva förändringar. Hypnotisören fungerar som en katalysator för den inre processen, men det är alltid individen själv som kommer fram till lösningarna.

Hypnoterapi

Det finns orsak till varför du känner, agerar och reagerar på ett visst sätt. Gamla minnen och känslor kan trigga en rad olika symtom och känsloyttringar som påverkar dina val och ditt agerande i olika situationer. Hypnoterapi är en kraftfull metod för att lösa upp blockeringar som hindrar dig från att leva full ut. Det som gör metoden effektiv är att du når roten av problemet. När du väl hittat orsaken till din blockering, kommer ditt problem och dess symtom att försvinna.

Vad kan hypnos användas till?

Hypnos kan hjälpa dig med kreativitet, motivation och målprogrammering. Andra områden där hypnos kan ha god effekt inkluderar stress, ilska, sorg, rädsla, frustration, oro, ångest, svartsjuka, skuld, skam, fobier, låg självkänsla, dåligt självförtroende, ätstörningar, övervikt, sömnproblem, scenskräck och olika beroenden.

Resultatet

Genom hypnos kan du stärka ditt självförtroende och din självkänsla. Du släpper det förflutna och ser framåt med trygghet och styrka, agerar och reagerar balanserat. Du skapar tillit och självrespekt, vilket leder till att du gör bra val. Du förbättrar din förmåga att kommunicera, sätta mål, fokusera och driva fram resultat. Du får en klarhet i vem du är, vad du vill och du får bränsle att nå hela vägen till mål.

Självtillit (tron på dig själv) genom Shaping

Självtillit stärks genom en metod som kallas *Shaping*. Det handlar om att locka fram och selektivt förstärka dina uttalanden kring intentioner, önskningar, mål och lyckade försök för att öka tron till din egen förmåga.

Läs nedanstående, fundera och skriv ner dina svar. Tänk inte för länge på varje svar. Skriv ner det som först kommer upp i ditt minne.

- Fundera över om din hälsonivå har något med genetik eller livsstilsval att göra.
- Vad kan du göra idag för att må bättre?
- När är din deadline för att uppnå god hälsa?

Shaping betyder "att forma sig". Det behöver komma inifrån. Tänk på en händelse i ditt liv, ett tillfälle när du upplevde att din tillit till dig själv ökade.

Övning – Shaping

Om du vill lyssna på övningen, välj YouTube:

https://youtu.be/zs5loiBkC_k

Fokusera på händelsen. Skriv vad som hände den gången:

- Vilket blev resultatet?
- Vad gjorde du för att skapa resultatet?

Fundera sedan på vad du tänkte på innan händelsen:

- Vilka var dina upplevelser och tankar innan detta hände?
  - o Var det positiva tankar?

Fortsätt fundera över hur du märkte detta:

- Vilka tankar låg till grund för att du sedermera fick resultat?
- Hur märkte du vad du behövde göra?

Vilken slutsats har du kommit fram till?

- Vad har du lärt dig, baserat på den händelsen?

- Fundera över vilka beteenden hos dig som är mest effektiva för att öka din självtillit?
- Vilka lärdomar kan du dra utifrån detta?
  - Är det någon sanning som uppenbarar sig?

Vilken hypotes (antagande) kan du klura ut, utifrån den händelse du skrev? Har något gått i uppfyllelse?

- Anta att det är så enkelt för dig i framtiden.
- Detta är ditt framtida rättesnöre om din självtillit och om ditt sätt att nå framgång och resultat.

Titta noga på vad du skrivit:

- Vad kan du göra för att omgående må bättre?
- Vilka punkter kan du utföra direkt och vilka behöver du planera? Exakt NÄR i tid ska du göra detta?
- Kan du använda delar i denna bok för att må bättre? Om ditt svar är JA, vilka delar då? Kanske behöver du repetera vissa sidor i boken för att ständigt må bättre.

En annan viktig fråga som du ska ställa dig är:

- OM allt var möjligt, vad skulle du göra för att närma dig målet att må bättre än bäst? Skriv ner!

Reflektera över vilka delar du faktiskt kan göra (utan att vända ut och in på dig själv).

Självscanning

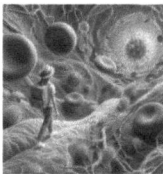

Självscanning är en resa in i kroppen. Det handlar om att upptäcka hur dina inre organ mår. Precis som när du reser och undrar vad du kommer att se under resan och vad som väntar dig vid slutdestinationen, ska du uppleva din inre resa - knuten till dina organ.

Genom att styra tankarna inåt i kroppen, samtidigt som du fantiserar och föreställer dig dina inre organ, kan du genomföra en *självscanning*. Du kan använda metoden samtidigt som du praktiserar "De 8 verserna i Qigong". *Självscanning* används ofta inom meditation, mindfulness, hypnos, qigong och healing. Den är en utmärkt metod vid exempelvis sömnproblem, där du kan kombinera avslappning och *självscanning*.

Övning – Självscanning

Föreställ dig att du ska resa genom dina inre organ. Börja med lungorna och rör dig neråt, förbi tarmarna, hela vägen till fortplantningsorganen. En viktig del av din kropp är njurarna. När du startar uppvärmningen, börja med njurarna. Njurarna innehåller all din livserfarenhet.

Om du vill lyssna på övningen, välj YouTube:

https://youtu.be/S5Nr3YQGrbc

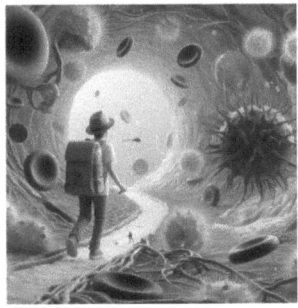 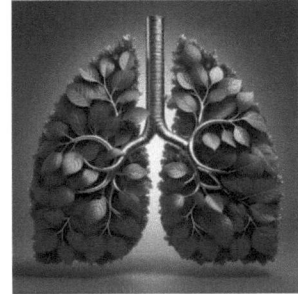 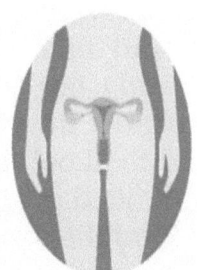 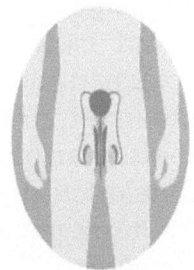

Börja så här:

- Sätt dig bekvämt på en stol.
- Räta upp huvudet och föreställ dig att det är uppe i den blå himlen.
- Se till att benen är ordentligt grundade i jorden.
- Fokusera på punkten där yintang och baihui möts. Detta är en inre punkt där punkten mellan ögonbrynen (yintang) och punkten mitt på huvudet (baihui) möts.
- Ta in omgivande qi och slut försiktigt ögonen. Slappna av!

149

Attraktionslagen och tack-bok

Gravitationslagen

En av de viktigaste naturkrafterna i universum är gravitationen, även kallad dragningskraften eller tyngdkraften. Det är den som gör att du inte glider av jordens yta och rätt ut i rymden. Samma kraft håller kvar månarna runt planeterna och planeterna i banorna runt solen. Hur märker du av gravitationen på en lägre nivå? Varje gång du tappar något i golvet verkar gravitationen. Allting dras mot jordens mitt: du själv, hus, bilar, träd och marken du står på. Det är gravitationen som gör att planeterna är runda.

Man vet inte exakt hur gravitationen uppstår, men man vet att olika föremål dras till varandra i rymden. Föremål klumpar ihop sig och blir planeter och månar. Ju större och tyngre föremål, desto större gravitation. Solens dragningskraft är så stor att den kan hålla nio planeter på plats i sina banor.

Attraktionslagen

Attraktionslagen kan jämföras med gravitationslagen, som gör att frukt från träd faller neråt. *Attraktionslagen* är den underförstådda lag som hjälper dig att, som en magnet, dra till dig det du vill ha. Det är viktigt att du fokuserar på vad du vill och inte omvänt. Enligt *attraktionslagen* drar du till dig allt som du tänker. Glöm oro, tänk positivt! Visualisering hänger ihop med *attraktionslagen*.

Attraktionslagen handlar om att det du sänder ut får du tillbaka. Den påminner om buddismens "karmalag", det vill säga "det du sår får du också skörda". Du ska ta ansvar för dina handlingar eftersom de återkommer till dig, förr eller senare. Kanske får du inte alltid tillbaka exakt det du förväntade dig, men något kommer alltid tillbaka.

Attraktionslagen, även känd som "*The secret*", är ett koncept som blivit populärt de senaste åren. Det anspelar på att *attraktionslagen* varit en hemlighet i många år och bara en del "utvalda" har känt till den.

Några av de stora förespråkarna för attraktionslagen är Bob Proctor, Les Brown, Mary Morrissey, Marcia Wieder, Steve Siebold och Christian Simpson. Alla dessa kan inte ha fel.

Gravitationslagen håller dig på stolen du sitter på, men missbrukas om du exempelvis går rakt ut från ett tak. *Attraktionslagen* är en vibrationslag: du drar åt dig det som attraherar dig. Det gäller att försätta sinnet, tankarna och kroppen för att få det du önskar. Ju mer du tänker på fel saker, desto mer får du av dem.

Föreställ dig att du sätter in elkontakten till en lampa i uttaget, men lampan funkar inte. Du ber inte om att den ska fungera utan kontrollerar vad som är fel. Kanske är det glödlampan som gått sönder eller ett kabelbrott. När du åtgärdat felet, tänds lampan.

Det räcker inte att bara tänka på vad du vill ha. Du måste få med ditt sinne, ditt jag. För att dra till dig det du önskar, måste du reflektera över essensen i ditt liv, ditt sinne, din balans, din kropp och själ. Börja med att reflektera över hur dina tankar påverkar din kropp och själ. Det är bland annat vad Qigong hjälper dig med: att komma i balans och harmoni med dig själv. Dina tankar blir vad du gör dem till. De blir din tro, dina handlingar, och din sanning. Allt du ser omkring dig skapas två gånger – först i tanken och sedan i verkligheten.

Det räcker således inte att endast tänka. Du måste agera och navigera mot det som attraherar dig. Det är som en blomma. Du sätter ett frö, vattnar och vårdar den. Den gror och växer, och så småningom blir det en blomma som slår ut i prakt.

Du måste ta ett steg varje dag för att få leva din dröm fullt ut. All framgång kommer först inifrån innan den visar sig utifrån. Du måste gå utanför din komfortzon för att nå målet.

Hur lång tid tar det att bära fram ett barn, att bli läkare, lärare eller något annat yrke? Det tar tid. På samma sätt tar det tid att nå det som attraherar dig. Det kommer inte omgående. *Attraktionslagen* fungerar inte som en önskelista till jultomten. En del människor är otåliga och vill att det ska hända omgående. När det inte sker, ger de upp. Du kan få det att hända genom att ta ett steg i taget. Det är ditt navigerande som skapar det liv du vill ha.

Viktigt är att använda affirmationer och visualiseringstavlor. Du ska uppleva att det redan hänt. Då händer saker snabbare och du får ett omedelbart resultat. Vad du attraherar bestäms av var du befinner dig känslomässigt just nu. Ditt känslomässiga läge är den magnet som drar till sig matchande energi. Det du sänder ut, får du tillbaka. Om du inte känslomässigt befinner dig i "magnetläget", är du inte attraktionsmässig. För att attrahera det du önskar, måste du identifiera vad du faktiskt vill ska ske, vad du förväntar dig. Det är ditt magnetläge. *Attraktionslagen* är en livsstil.

OBS! Oavsett om du agerar eller ej, får du resultat. Du måste vara villig att offra eller göra sådant som kanske är tufft. Om du tänker att du har "fastnat" – har du problem. Problemet är inte att du "fastnat", utan att du tänker att du har "fastnat". Förstår du? Alla misstag du redan gjort har du betalt för. Betala dem inte två gånger! Det gör du genom att tänka på dem. Tänk framåt – tänk på sådant du kan påverka – din framtid!

Din inre röst är din värsta fiende. Negativa tankar om din förmåga eller rädslor håller dig tillbaka och stoppar *attraktionslagen*. Samma sak med det du "önskar bort". Universum vill veta vad du vill – inte vad du inte vill. Det är som rusningstrafik i ditt inre – sänd endast ut positiv energi.

Det du vill ha, kan du få i överflöd. Om du tänker negativa tankar, kan du få dessa i överflöd. Använd en visualiseringstavla. Den hjälper dig attrahera universum så att du får det du önskar.

Långsiktiga resultat är ofta ett resultat av kortsiktigt tänkande. Observera att det kan vara en kunskapsökning att göra misstag (eller som jag väljer att kalla det – utveckling). Problemet är inte problemet, utan att du tänker på det eller hur du fokuserar på det. När du inser att du har tillräckligt för att gå framåt mot dina drömmars mål, är du på väg.

När du fastnar i tankarna, blir du som en hamster som springer i ett hjul. Varken du eller hamstern kommer vidare.

OBS! Dina undanflykter, såsom:

- Jag har inte tid.
- Jag har inte pengar.
- Jag har inte ork.

De blir ditt hamsterhjul. Du får tid, pengar och ork genom att fokusera.

Även om du inte har alla svar till hur du ska nå dina drömmars mål, starta med ett första steg. Det räcker. Alla resor börjar med ett steg.

Sluta fokusera på realiteten. Börja med att fråga dig: "Hur vill jag att mitt liv ska bli?". Det finns en väg till framgång – men du måste ha en anledning, och det ska vara en god sådan. Det kanske är drömmar om framgång, hälsa, att få tillbringa mer tid med familjen, och så vidare. Du måste bli upplyft av tanken på att lyckas. Det ska vara en känsla av förälskelse – en passion. Du måste bygga upp en tydlig bild av vad du vill. Endast då kan du vara säker på att dra till dig dina drömmar.

Visualisering
Visualiseringsövningar är populära och ett sätt att påverka dig själv och ditt undermedvetna.

Övning – Exempel på visualisering
Visualisering innebär att du låter fantasin skapa bilder i ditt inre. Här kan du se ett exempel på visualisering:

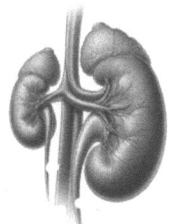

- Slut dina ögon några sekunder.
- Föreställ dig att du kan se dina njurar!
- Enligt österlänningarna sitter all kunskap i njurarna.
- Föreställ dig att de är friska!

Visualiseringstavla

Genom att göra en enkel meditation och skapa en *visualiseringstavla*, drar du till dig mer av sådant som ger dig glädje i livet.

Nedan ser du en av mina visualiseringstavlor. Denna tavla tillkom när jag för tolv år sedan hade önskan om en lägenhet i Spanien. Jag fäste tavlan på kylen. I början hade den inte mer än en bild. Sakta la jag till andra bilder, en golfbana, planritningen över lägenheten och så småningom även foton från visningslägenheterna.

Övning – Skapa visualiseringstavla

Börja med att skapa en tavla som blir din lycko-affirmation. Du kan skriva in ordet *"dröm"* eller som jag har gjort *"framtid"*. Leta på internet och skriv ut bilder. Klistra upp, rita eller gör ett montage i datorn.

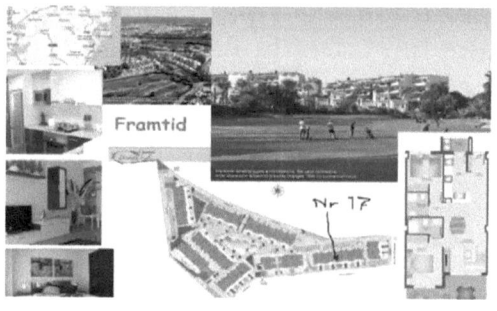

Häng upp din tavla där du ser den varje dag. Berätta högt varje gång du går förbi den, om vad du ser.

Testa att sätta dig och fokusera på din bild under 5-10 minuter. Slappna av och gå in i bilden! Lek med fantasin! Föreställ dig att du redan har uppnått din dröm! Vill du ha instruktion för hur du skapar en visualiseringstavla, se Youtube:

https://youtu.be/4UAFGYbpJ4g

Ta fram ett papper och skriv:

- Vad ser du framför dig? (tillåt dig att känna att du redan har uppnått drömmen)
- Vilka färger finns det?

- Vad hör du?
- Vad känner du?
- Kan du dofta eller smaka något?

Skriv, rita, måla, klipp ut och klistra in – exakt vad du vill ha inom sex månader (inte sex år – endast sex månader).

Det räcker inte att skriva ner och sedan tro att det kommer till dig. Så fungerar det inte. Då blir du som en fluga som försöker ta sig genom fönsterrutan för att komma ut. Ju mer du försöker, desto tröttare blir du.

Det är kanske inte tid och pengar som krävs för att du ska lyckas? Om du tror att du kan lyckas, vad skulle det innebära? Exakt vad kan du göra för att ta första steget mot framgång?

Det finns en historia om en fattig kvinna som hade två jobb. Hon slet som ett djur för att kunna betala hyran. En dag skrev hon till fastighetsägaren och berättade vad hon skulle kunna göra för fastigheten om han var villig att betala materialet och även tillät henne att bo där för 500 i månaden. Vad tror du hände? Jo, han ställde upp på detta och hon fick ett lugnare liv.

Tack-bok
Du kommer att få mycket motstånd. Det är bra, för då anstränger du dig mer. Får du inte motstånd, går du kanske i fel riktning. Sälj inte din dröm till någon annan. Lev din dröm! Det är viktigt att ta reda på varför du vill göra detta. Du måste vilja det för dig själv – ingen annan. Du kan aldrig förändra någon annan – men du kan förändra dig själv och därmed nå dina önskningar.

Det finns två sorters relationer: de som tänjer dig och tillåter dig att lyckas, och de som dränerar dig. Var som ett litet barn som ska lära sig gå. Tillåt dig att falla och falla och falla, till slut lyckas du! Tillåt inte längre att saker bara händer – ta kommandot och styr riktningen!!

Var tacksam! Skriv i din tack-bok!

Övning - Skapa visualiseringstavla och tack-bok

Gör nedanstående övning:

1. **Skapa en visualiseringstavla.** Om du inte redan gjort så, gå tillbaka till övningen och skapa en visualiseringstavla samt en affirmation. I en affirmation skriver du som om du redan upplevt och fått din önskan uppfylld. Skriv ner hur alla dina sinnen påverkas när din önskan går i uppfyllelse.
2. **Tro.** Var säker på att universum har hört dig och kommer att hjälpa dig. Det finns överflöd i universum.
3. **Var tacksam.** Tacksamhet drar till sig mer tacksamhet. Köp en liten bok (jag kallar den tack-boken) och skriv i den varje dag. Skriv något du är tacksam över - även om det bara är att solen lyser.

Kom ihåg att aldrig blanda in andra människor i dina önskningar, det vill säga låt inte andra önska för din räkning. Du kan önska saker som inbegriper andra, men du kan aldrig ändra på andra.

Ett extra tips till er med mindre barn: Låt barnen vara med och göra egna tack-böcker, där de får rita, klippa och klistra. Det kan bli en ovärderlig minnesbok för dem och en oförglömlig stund varje kväll för er alla. OBS! Du måste tro för att lyckas! Tro att du lyckas!

Lyft upp Qi - hela programmet

Kör hela programmet enligt följande steg. Vill du lyssna på det, välj YouTube:

https://youtu.be/QRooMENLpwg

Utgångsställning

- Föreställ att du är upphängd som i ett snöre.
- Håll hakan inåt mot kroppen.
- Placera tungan bakom framtänderna och le lite.
- Slut ögonen.
- Stå med fötterna ihop och böj knäna.
- Skjut bäckenbotten framåt.
- Dra in naveln och låt Mingmen skjuta ut.
- Meditera med "De 8 verserna" i utgångsställningen enligt instruktioner du lärt dig.

Övningarna
- Rotera händerna som ett strykjärn framåt och bakåt. Upprepa tre gånger.

- Slappna av i händerna.
- Lyft händerna (som en tung gryta) till navelhöjd.

- Vinkla handflatorna nedåt.
- Cirkulera dem som om du följer en vattenyta runt kroppen.

- När det tar emot, vänd handflatorna in mot kroppen.
- Låt händerna följa ryggraden uppåt.
- Vid den tänkta linjen under armhålan (bh-kanten för kvinnor), dra händerna utåt mot Dabau-punkten.

- Tryck med långfingrarna i Dabau och flämt-andas tre gånger, blås ut djupt.

- Vinkla armbågarna bakåt.
- Föreställ dig att du har Qi i handflatorna.

- Låt handflatorna gå framåt i en rak linje (det är bollen mellan skulderbladen och Mingmen som styr detta).
- Lyft handflatorna mot pannan och belys punkten mellan ögonbrynen.
- Öppna upp till en rak linje via armbågarna.

- Vinkla handflatorna nedåt.

- Rotera handflatorna uppåt och föreställ dig att du har Qi i dem.

- Skopa Qi uppåt.

- Sätt ihop handflatorna som en balettdansös.
- Sänk händerna över huvudet, låt dem gå framför ansiktet ner till Lucia-ställning.

- Låt pekfingrarna föra händerna framåt, lite uppåt.

- Släpp lillfingrarna, ringfingrarna, långfingrarna och vinkla upp handflatorna med pekfingrarna och tummarna ihop (så att det bildas en triangel).
- Belys punkten mellan ögonbrynen.
- Släpp pekfingrarna och tummarna och sträck ut armarna rakt framåt.
- Lyft upp armarna och räta ut händerna.

- Dra armarna bakåt, tänk på bollen i ryggen.
- Slappna av.
- Sträck ut.
- Upprepa detta tre gånger:
    - Lyft upp.
    - Dra tillbaka.
    - Slappna av.
    - Sträck ut.
- Öppna upp genom att föra händerna en aning utåt sidorna.

- Stäng igen.
- Upprepa detta också tre gånger.
- Känn Qi i handflatan.
- Öppna upp hela vägen så händerna förs utåt sidorna.
- Lyft upp som om du skulle flyga.

- Skopa in Qi (styr med bollen i ryggen).
- Slappna av.

- Upprepa följande tre gånger:
    - Lyft upp.

- Skopa in Qi.
- Slappna av, rak linje. Det är bollen i ryggen tillsammans med Mingmen som styr rörelsen.

- Håll handflatorna utåt och måla upp respektive ner – tre gånger – med raka armar.

- Vänd handflatorna och skopa in Qi.
- Lyft upp över huvudet och låt handflatorna närma sig utan att gå ihop.

- Föreställ dig att du har regn i handflatorna, låt det falla ner över huvudet, förbi ansiktet, hakan, halsen, bröstet och lungorna, ner till naveln.

- Tryck med långfingrarna strax ovanför naveln.

163

- Fäll ihop dig som en fällkniv och låt händerna fortsätta ner mellan låren, förbi knäna, ner till fötterna. Lägg handflatorna på eller parallellt med fötterna.

- Böj kroppen framåt, neråt, bakåt (tänk att rörelsen är som ett ovalt ägg).
- Lyft rumpan uppåt.

- Gör rörelsen tre gånger.
- Lägg händerna bakom vaderna och låt dem sakta vandra uppåt, passera knävecken, låren och upp till Mingmen.
- Tryck med långfingrarna mot Mingmen.
- Fortsätt rörelsen med långfingrarna runt midjan till naveln och tryck med långfingrarna.

- Slappna av och återgå till utgångsställning.
- Lyft upp händerna till en rak linje utåt sidorna.

- Sträck handflatorna utåt.

- Skopa upp Qi som tidigare, upp och ner, slappna av och fortsätt utåt (som ovan).
- Gör detta tre gånger – tänk på Mingmen, böjda ben.
- För handflatorna framåt och tillbaka (små försiktiga rörelser som ovan, tre gånger).
- För händerna hela vägen framåt och gör motsvarande rörelser (skopa upp Qi, för armarna neråt, slappna av och för armarna framåt – tre gånger – som ovan).

- Avsluta med att låta händerna måla upp och ner tre gånger med raka armar framåt.
- Vänd handflatorna mot varandra.
- Lyft upp ovanför huvudet och sträck på dig.
- Låt regnet strila neråt via handflatorna, över huvudet.

- Stanna framför pannan och tryck med långfingrarna på punkten mellan ögonbrynen.
- Låt långfingrarna passera pannan som en tänkt linje.

- Stanna vid punkten under skallbenet och tryck med långfingrarna.

166

- Fortsätt rörelsen ner längs med ryggraden.

- När du inte når längre, rotera händerna runt axlarna.
- Fortsätt fram och ner under Dabau-punkten (i armhålorna), tryck med långfingrarna och flämt-andas tre gånger, gör en djup utandning.

- Fortsätt rörelsen bakåt mot ryggraden.
- Tryck med långfingrarna mot Mingmen.

  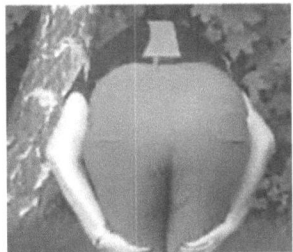

- Fäll ihop kroppen som en fällkniv och låt händerna följa med på baksidan av benen hela vägen ner.
- Lägg händerna på fötterna eller parallellt med fötterna.

- Rotera som ett ovalt ägg (se ovan) tre gånger.
- Låt händerna följa kroppen upp längs med benen, sakta, sakta upp till naveln och tryck.
- Slappna av och låt händerna gå ner till sidorna i utgångsställning.
- Den diagonala delen startar med att händerna lyfts upp diagonalt, upp över huvudet.

- Låt händerna falla neråt i balettställning.
- Händerna förs längs med öronen, ner till axelhöjd.

- Armbågarna bakåt och handflatorna framåt.

- Högerhanden driver framåt, vinkla handflatan inåt och vrid mot vänster.

- Tryck tummen mot övre leden av långfingret och rotera runt axeln.

- Fortsätt rotationen ner till nyckelbenet och tryck under nyckelbenet med lång-fingret (som fortfarande är hopsatt med tummen).
- Vänster hand framåt, vinkla handflatan mot höger, vrid armen mot höger, tum-men mot långfingret.

- Fortsätt rotationen över axeln, ner till nyckelbenet och tryck.

- Andas tre gånger (eventuellt flämt-andas) och tryck samtidigt.
- Lyft händerna och låt dem bilda en Lotus-blomma och håll ihop armbågarna.

- Sätt ihop handflatorna till Lucia-ställning framför bröstet.

- Lyft händerna igen, upp över huvudet.
- Öppna finger för finger men lämna kvar pekfinger och tumme och bilda en tri-angel.

- Belys punkten mellan ögonbrynen i pannan.
- Släpp först pekfingrarna och sedan tummarna.
- Låt händerna falla ut sidledes till en rak linje med handflatorna neråt.

- Vinkla handflatorna uppåt och skopa upp Qi.

- Kör fram händerna, belys pannan.

- Låt armbågarna dra händerna och armarna bakåt.

- Fortsätt rörelsen tills långfingrarna når Dabau-punkten under armhålorna.
- Flämt-andas tre gånger.
- Fortsätt rörelsen bakåt tills det tar emot.

- Fortsätt rörelsen utåt, vrid i axelpartiet så att handflatorna kommer framåt.

- Omfamna dig själv. Kvinnor lägger högerhanden mot naveln, män lägger vänsterhanden. Lägg andra handen ovanpå.

- Slappna av i hela kroppen.

- Låt händerna falla ner och öppna långsamt ögonen.
- Tacka på österländskt vis med ordet "Hao la!"

Träna noggrant, gärna varje dag. Du kan göra de upprepade armövningarna i programmet mycket långsammare eller fler gånger (upprepa dem fem gånger exempelvis). Föreställ dig att tempot ska vara "naturens eget", det vill säga sakta växa fram. Ju långsammare du gör det, desto mer kraft har det.

173

Observera att det går utmärkt att välja delar ur programmet och göra dessa delar långsamt och flera gånger (gongs). Ett tips är att göra samma rörelse 100 gånger, med fullt fokus inåt i kroppen.

Djup avslappning

Här har du en avslappningsövning som kommer att stärka dina sinnen, kropp och själ. Använd den flera dagar i följd. Ju fler gånger du gör den, desto kraftfullare blir den. Djup avslappning främjar din utveckling och ditt välmående. Att tillåta dig själv att utvecklas genom att fokusera på välmåendet skapar nya möjligheter inom dig.

Övning – Djup avslappning

Det är dags för en djupare avslappningsprocess. Du ska få resa till ditt inre för att skapa distans till ditt yttre. Det är en behaglig avslappningsövning och det kan hända att du somnar, vilket är helt okej. Vill du ha detta som ljudövning, välj YouTube:

https://youtu.be/Y2AV9-zfBO8

Börja så här:

174

- Börja med att luta dig tillbaka, sittande eller liggande.

- Om du sitter, placera fötterna på golvet och händerna på låren. Inga korsade ben eller knutna armar.

- Om du ligger, håll benen raka och placera händerna antingen vid sidan av dig, på magen eller på låren.

- Om du behöver avbryta processen av någon anledning, gör det medvetet och med alla resurser du behöver.

- När du lämnar detta avslappnade tillstånd kommer du att känna dig lugn, samlad och härligt utvilad.

- Slappna av, skönt och behagligt. Det här är en invärtes lyxresa.

Summering hypnos mm

Detta avsnitt har gett nya insikter om självtillit samt om hypnos, inre scanning, och attraktionslagen. Du har nått en punkt där det förmodligen står klart att mycket av din framtid ligger i dina egna händer. Du skapar framtiden med mer egenmakt än du inser.

Övningen Djupavslappning som du har tränat på, är en form av hypnos. Det är inte självklart att alla är mottagliga för hypnos. Exakt hur mottaglig du är, kan endast bedömas vid ett personligt möte där detta kan mätas med noggrannhet.

Oavsett om hypnosen fungerade för dig eller inte, kan du njuta av den. Ju mer du spänner dig, desto mindre mottaglig blir du - och detta gäller för allt i livet. Förhoppningsvis har du insett hur viktig attraktionslagen är och att du aldrig bör fokusera på problemen. Det är lättare sagt än gjort, men om du kan styra dig själv mot det du vill ha, är sannolikheten stor att du får det (eller delar av

175

det). Därför behöver du bekämpa dina rädslor och stärka din självtillit, vilket du har fått övningar för i detta avsnitt. Lycka till med att styra din framtid!

10 Healing

Själv får jag - med jämna mellanrum - healinglektioner via Kina av mina mentorer. I Sverige har vi inte kommit långt avseende healing. Det har man däremot gjort i exempelvis Schweiz. Vill du läsa mer om exempelvis *Reconnective Healing*, föreslår jag att du läser *"Väck din inre healer"* av *Eric Pearl*. Den är lättläst.

Du kan använda dig av *Swai La Qi*-övningen där du skapar energi med händerna när du framställer en energiboll. Så snart du får upp värmen i händerna, kan du lägga dem på ställen på kroppen, där du vill få mer energi (hjärtat, magen eller andra inre organ).

Jag hoppas att du har utvecklats mycket, både på in- och utsidan. Många av övningarna i denna bok är till för att hjälpa dig hitta ditt inre paradis.

I detta kapitel får du fler tips på hur du kan stärka dig själv genom en lyckobok (Tack-boken), ändra dina tankar med hjälp av Qi och medvetenhet för att skapa kreativa tankar för positiva upplevelser och utveckling. Du får en gnäll-diet för framgång samt lär dig lite om healing.

Du får en introduktion till Qigong-träningen *"3 centers förening"* en av de tuffare övningarna som fungerar både meditativt och som healing. Dessutom får du lära dig om currylinjer och en kort träning i *EFT* (*tapping eller knackning*, som den också kallas).

Lyckobok

Detta är ett av de tips som finns i min bok *"FramgångsRIK & Lycklig"*.

Du behöver en lyckobok eller använda Tack-boken. I den skriver du varje kväll upp allt positivt som du upplevt under dagen. Detta blir ett påtagligt mätinstrument. Du kan använda den

176

som ett verktyg för att framkalla lycka eller lustkänslor. När du har en mindre bra dag, tar du fram din bok och får upplevelsen av allt underbart som händer dig. I boken skriver du något fint varje dag, även om det bara är att "solen skiner på en blå himmel". Köp omgående en lyckobok (en liten anteckningsbok eller använd TACK-boken). Lägg den på nattduksbordet. Anteckna något positivt varje kväll och njut av all den lycka du har i din vardag!

Välbefinnande

Välbefinnande handlar om ett inre lugn. Det finns en rörelse som heter "A Complaintfree World", startad av *Will Bowen*. Du kan läsa mer om den här: **http://www.willbowen.com**. Se även boken "*En klagofri värld*".

Fem miljoner världen över har antagit utmaningen att under 21 dagar i sträck sluta klaga och gnälla. De vittnar om hur de blivit av med kronisk smärta, förbättrat relationerna, blivit mer framgångsrika i arbetet och över lag blivit gladare och mer harmoniska.

Själv har jag testat och efter att ha genomfört utmaningen kan jag hålla med om att livet blir gladare när jag inte klagar och gnäller. För dig som vill prova, kan du först göra "*Gnäll-dieten*" nedan och sedan fortsätta med utmaningen.

Övning – Gnäll-diet

- Sätt ett gummiband runt ena handleden. Utmaningen är att ta reda på hur länge bandet sitter kvar.
- Varje gång du gnäller, flyttar du bandet till andra handleden.
- Syftet är att bandet ska sitta på samma handled i minst 21 dagar.

Genom att följa denna diet kan du gradvis förändra ditt tankemönster och bidra till ett ökat välbefinnande.

Skapa positiva upplevelser

 Det finns flera sätt att skapa positiva upplevelser. En del får dem när de går på bio. För att skapa en upplevelse krävs tre ingredienser:

1. Energi (Qi)
2. Medvetande
3. Tanke

Som du vet, bör du mota bort tankarna. De är där ändå. Jag rekommenderar att inte fokusera på dem. Tankarna i sig själva saknar kraft. Det är först när du investerar din energi och ditt medvetande i dem som de börjar bli verkliga. Ju mer du investerar i dina "apor", desto mer reella blir de. En tanke utan medvetande och energi kan liknas vid en tom, innehållslös kartong.

Formeln för att skapa framgång kan uttryckas så här:

Qi + Medvetande + Tanke = Skaparkraft

Föreställ dig att ditt medvetande är som en projektor med en videofilm. Filmen är dina tankar. Det som driver projektorn är energi (qi).

Det märkliga är att du lägger massor med energi, pengar och tid på att försöka förändra din upplevelse (som är utanför dig själv) i stället för att förändra insidan av dig. Frågan är: Hur förändrar du saker till det bättre? Svaret: Genom att spela upp en annan film - nya tankar - som du fokuserar på med energi och medvetande.

Kom ihåg:

- Det du tror på tenderar att bli din sanning (precis som en karta som så blir verklighet)
- Din fantasi kan leda dig till oanade höjder (du kan låtsas och ditt undermedvetna tror blint på detta). Du kan skapa otroliga resultat!

Genom att använda din energi, ditt medvetande och dina tankar kan du skapa positiva upplevelser och nå dina mål.

Bort med offerrollen

Genom att styra dina tankar kan du sudda ut "offerrollen". Återta kontrollen i ditt liv genom att förändra "filmen", så att ditt livs projektor visar positiva händelser. Vänd tankarna ut-och-in och se vad de skapar för upplevelser i ditt liv. Här får du ett exempel på hur du kan förändra dina tankar, steg för steg.

Anta att du tänker på ordet "stress":

1. **Ursprunglig tanke:** — Livet är tufft när jag inte får pengarna att räcka.
2. **Förändrad tanke:** — Jag tycker det är stressigt, när jag märker att pengarna inte räcker till.
3. **Ytterligt förändrad tanke:** — Jag stressar upp mig själv när jag tänker på att pengarna inte räcker.

Märker du skillnaden i hur du kan tänka? Tror du att det gör någon förändring? Med ovanstående tankar, kan du gå från en sanning till en annan.

Övning – Testa att förändra en tanke

Testa sättet att tänka utifrån ovanstående exempel och skriv ner en tanke som du sedan förändrar, ett steg i taget.

Healing

Vad är healing?

Healing är en process som syftar till att återställa balans och harmoni i kropp, sinne och själ. Det innebär olika tekniker och metoder för att främja fysisk, emotionell och andlig läkning. Healing kan ske genom beröring, energiöverföring, meditation eller andra former av andlig och holistisk behandling. Målet med healing är att frigöra blockeringar, minska stress och smärta, samt stärka kroppens egen förmåga att läka och regenerera

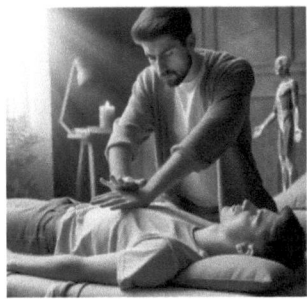

sig själv. Det handlar om att skapa en helhet där alla delar av individen kan fungera optimalt och i samklang med varandra.

Här är några typer av healing: kristallhealing, reconnective healing och reiki healing. Healing betyder "läkning" och är en alternativmedicinsk metod där man genom andliga tekniker behandlar sjukdomar. Healing kan utföras genom att healern håller händerna på eller ovanför klienten, men den kan även utföras på distans.

Det finns de som påstår att healing ökar blodtillförseln, vilket förbättrar kroppens läkningsförmåga, lindrar smärta och löser upp energiblockeringar genom att öka cirkulationen. Oavsett vad du tror på är det bevisat att handpåläggning frigör oxytocin och endorfiner, vilka är kraftfullt smärtstillande.

Reiki-healing

För att lära dig healing behöver du utbildning i flera steg. Det finns olika gradsystem inom *Reiki*. *Dr Mikao Usui* skapade 1914 den japanska healingmetoden *Reiki*. Vid fyra års ålder placerades han i ett buddhistiskt tempel där han stannade tills han blev vuxen. I templet undervisades han i kampsport på mycket hög nivå och lärde sig genom qigong-övningar att bygga upp och kontrollera energi, som han sedan använde till healing. *Usui*  blev mycket intresserad av detta och började studera buddhistiska sansskrifter. Huvudsakligen var han en andlig lärare men även känd som healer. Hans andliga undervisning, avsedd för inre healing, bestod av meditationer och energiövningar som skulle leda till att få kropp och själ i balans.

Omkring 1921 utvecklade *Usui* ett fristående healingsystem som snabbt och utan föregående andliga övningar kunde tillämpas. Själv hade han inget namn för systemet, som han beskrev som "min metod". Hans elever kallade det "*Usui Teate*" (te=hand, ate=beröring).

Termen *Reiki* kom till senare, troligen genom *Dr Hayashi*. *Chujiro Hayashi* är förmodligen den sista *Reiki*-mastern som utbildats av *Usui* och troligen upphovsman till den handställning som används inom *Reiki* här i västvärlden. Dessutom initierade han fru *Takata* till *Reiki*-master. Fru *Takata* är den som fört *Reiki* till västvärlden efter att hon drabbats av cancer och, enligt sägnen, blivit botad genom *Reiki*-healing.

Reiki bygger på symboler som visualiserar känsla. Genom att lära sig symbolerna och upprepa ett mantra uppstår en energivibration. Det finns även specialutbildning i *Reiki* på distans.

Alla kan, efter initiering, träna upp sin kraft och förmåga att läka sig själva såväl som andra. Det krävs att du tror att du kan, för att lyckas.

3-centers förening - en speciell qigong-meditation

"*3 centers förening*" är en kraftfull qigong-meditation och - övning som förenar de tre olika *dantianerna*. Dessa "fylls på" med energi under övningen. Jag har inkluderat denna övning för att uppmärksamma dig på de Qigong-övningar som finns. Övningen kräver att du står "sittande", vilket i sig kräver träning. För att kunna stå så i cirka 30 minuter, vilket är den tid som övningen tar, behöver du använda *självscanning*, som du har lärt dig tidigare. Detta innebär att du använder dina tankar för att gå igenom de inre organen.

Steg-för-steg: 3-centers förening
Vill du lyssna på övningen, välj YouTube:

https://youtu.be/6uBCeIv5W1s

1. **Stå i utgångsläge:**
a. Snurra på fötterna och sära dem så att tåspetsarna pekar inåt. Det ska vara ungefär en sko emellan tårna. Hälarna pekar utåt.

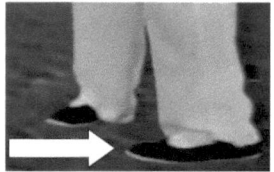

b. Böj på knäna och sätt dig ner som om du sitter på en osynlig stol.

2. Grundläggande program:

a. Börja med öppningsdelen: Rör händerna fram och tillbaka som strykjärn.

b. Sträck upp händerna som om du håller en stor qi-boll och för dem in mot naveln.

c. Vänd handflatorna neråt och sträck ut händerna längs horisontlinjen.

d. För händerna bakåt och upp under armhålorna.

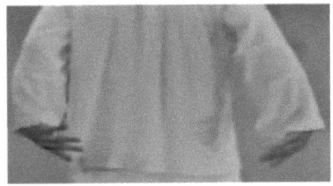

e. Tryck lätt under armhålorna och för sedan händerna framåt och upp mot pannan.

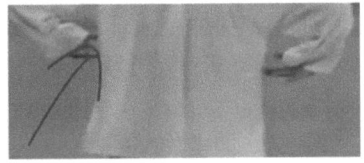 

f. För händerna utåt och vänd handflatorna neråt.

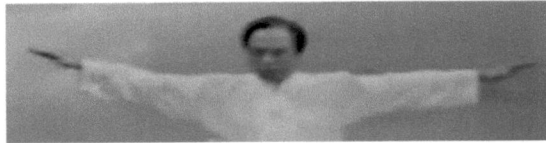

g. Lyft händerna upp i luften, skopa qi, sträck på kroppen och sätt ihop händerna ovanför huvudet.

h. Dra ner händerna framför ansiktet till luciaställning.

i. Sära händerna något, men låt fingrarna hålla ihop, som om du håller i en boll framför naveln.

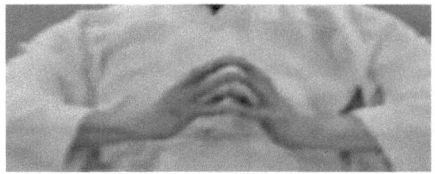

j. Sänk kroppen ytterligare och stå en stund, känn in kroppen.

3. Meditativ ställning:

a. Sitt som om du sitter på en fantasipall, ha en bakåtvänd stolsrygg bakom dig för att bibehålla balansen.

b. Fokusera på att förena de tre dantianerna:

  i. övre (huvudet),

  ii. mellersta (lungorna och

  iii. övre kroppen) och nedre (njurar och bäckenbotten).

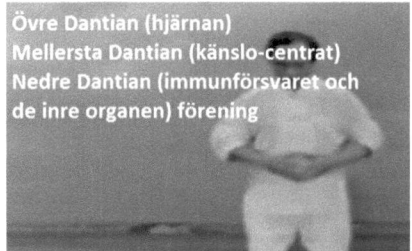

c. Träna att stå så i cirka 30 minuter, använd självscanning för att hålla tankarna fokuserade på kroppen. I rörelsen nöts samtliga grenar ihop i naveln, i det inre palatset.

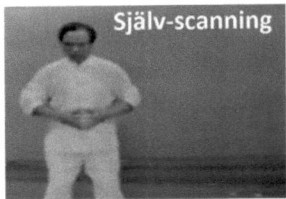

4. Avslutning:

a. Efter 30 minuter, sätt ihop fötterna och för händerna till luciaställning.

b. Gör stängningen: För händerna upp över huvudet, öppna fingrarna till en triangel som belyser pannan.

c. Sänk händerna och vrid dem framåt framför kroppen.

d. Dra armbågarna tillbaka, passera under armhålorna, tryck, för ner händerna bakom ryggen och utåt.

e. Vinkla händerna framåt från axelpartiet och avsluta med en stor omfamning.

f. Lägg händerna på naveln (män vänster hand inåt, kvinnor höger hand inåt) och massera naveln genom att rotera händerna först i små cirklar, sedan större (nio rotationer).

g. Gör massagen omvänt, i andra riktningen, först små tag, sedan större (nio rotationer).

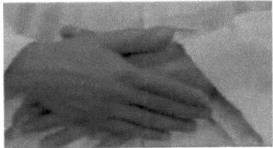

h. Stå kvar och tillgodogör dig energin, slappna av och njut.

Denna metod syftar till att få i gång kroppen och balansera energin.

Currylinjer

Professor *Manfred Curry* upptäckte currylinjerna 1950, därav namnet. Själva kunskapen om linjerna har funnit i över 300 år, vilket framgår av studier av gamla husgrunder från 1700-talet. Currylinjer handlar om jordstrålning, en term som inte refererar till jordens magnetfält eller någon annan känd fysikalisk effekt, utan till ett "annat strålningsfält" som undersöks inom en svårdefinierad pseudovetenskap. Detta strålningsfält kan mätas med hjälp av slagruta eller liknande verktyg.

Linjen är ungefär 0,5 meter bred samt osynlig och går i två riktningar. När dessa möts, vilket sker ungefär var fjärde meter, bildas ett kryss.

Currylinjer är varken elektromagnetiska eller radioaktiva och kan inte mätas med vanliga instrument. För ungefär 100 år sedan byggdes husen så att väggarna var placerade i currylinjerna, för att undvika påverkan från currykryssen. Dessa kryss kan negativt påverka ditt liv och din hälsa.

Första gången jag kom i kontakt med detta, var när en av mina deltagare mätte och konstaterade att min energi på ena sidan kroppen var borta. Det visade sig senare att min säng stod nära ett currykryss.

Intressant nog lägger sig aldrig en hund på ett currykryss eller äter mat ur en skål som står där, medan en katt älskar att vara i krysset. Skator bygger gärna bon i träd vid currykryss. Naturen ger oss tecken; exempelvis kan ett träd som står i ett kryss inte växa normalt. Om du tittar på bilden, där jag står under en Qigong-lektion, ser du vår dåvarande björk i trädgården. Lägg märke till att björken inte har en normal, rak stam utan är kluven i tre delar. Vid rotsystemet av dessa delar, älskade en av mina dåvarande katter att ligga. Ungefär fyra meter bort finns nästa kryss, där står ett halvt japanskt körsbärsträd som inte växer på ena sidan, vilket beror på krysset.

Kryss kan mätas med enkla stavar, böjda strump-
stickor. När de roterar kan det vara ett tecken på
currykryss. För att vara säker kan vi mäta våg-
längden och eliminera hjärnans uppfattning ge-
nom att titta på färgen röd. Jag har verktyg för
detta och har lärt mig att mäta. Numera reser jag aldrig utan mina stickor.
Om jag hamnar i en säng som står i ett kryss, vaknar jag garanterat med värk
i kroppen.

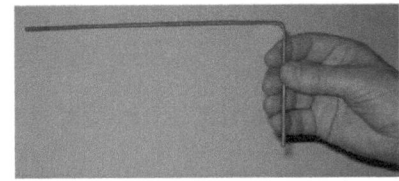

Det är av största vikt att tänka igenom var du har din säng placerad om du
har ont någonstans i kroppen, likaså var din skrivbordsstol finns om du kän-
ner dig dränerad på energi. Att somna framför teven är inget konstigt, men
ibland kan det bero på att en viss fåtölj står placerad i ett kryss.

Var observant. Ta en titt i naturen runt dig. Du kommer att se att vissa träd
växer snett. Mät sedan upp fyra meter och notera träden som står där. De
växer troligen också krokigt.

EFT - Emotional Freedom Techniques (Tapping eller knackning)

Emotional Freedom Techniques, EFT, även kallad *Tapping* eller *Knackning,* är
en metod som bygger på urgammal kunskap om kroppens meridianer och
akupunkturpunkter. Grundaren *Gary Craig* säger: "Orsaken till alla negativa
känslor är en störning i kroppens energisystem." Ur den insikten har han ut-
vecklat *EFT,* en teknik som har hjälpt människor att övervinna fobier, trau-
man, dåliga vanor och mönster, viktproblem, blockeringar, smärta, och olika
sjukdomar.

Processen är enkel, snudd på komisk, och effekten kan ibland vara livsför-
ändrande. Genom att fokusera på ett problem, fysiskt eller psykiskt, samtidigt
som du knackar på vissa av kroppens akupunkturpunkter, kan energisyste-
met befrias och problemet försvinna.

Med *EFT* kan ett problem försvinna på några minuter. Du knackar med finger-
topparna på akupunkturpunkter, framför allt i ansiktet, samtidigt som du fo-
kuserar på problemet. *EFT* är ett slående bevis för att energin flödar i kroppen.

Genom att knacka på akupunkturpunkterna längs kroppens energimeridianer kan du uppleva djupgående förändringar i din fysiska och psykiska hälsa.

EFT fungerar ungefär som att fixa en störning i din elektricitet, din energi. Föreställ dig att du stoppar in en skruvmejsel i eluttaget hemma. Som du förstår skulle det fräsa och blixtra, kanske ge dig en stöt eller värre. *EFT* är ett lättare ingrepp på din energi och hjälper till att återställa flödet.

Minnen och känslor kan dyka upp under processen och blir till hjälp för att nå störningen och att läka den. Fysiska problem som smärta och stelhet till stress, känslomässiga blockeringar, trauman, dåliga vanor och mönster - allt går att förändra med *EFT*, enligt grundaren.

För att komma i gång med EFT, ta fram modulen om akupressurpunkterna. Du kan använda den som underlag för denna övning och testa övningen varje dag i 30 dagar.

Steg-för-steg-guide:

- Börja med punkten på sidan av handen (från lillfingret och uppåt mot handleden).
- Använd din icke-dominanta hand: är du högerhänt, knacka på vänsterhanden med högerhanden.
- Testa att göra nedanstående övning varje dag i 30 dagar.
- Observera vad som händer i ansiktet: Lägg märke till hur du initialt kan rynka pannan, och sedan hur rynkorna successivt slätas ut.

Genom att regelbundet öva *EFT* kan du få en djupare förståelse för dess effekt på ditt välbefinnande.

Övning – EFT

Här är en övning med *EFT (Emotional Freedom Techniques)* som inte inkluderar alla punkterna men ger en bra introduktion. Vill du lyssna till den, välj YouTube:

https://youtu.be/3qoOkT7F_tw

- Börja med punkten på sidan av handen (från lillfingret och uppåt mot handleden).
- Om du är högerhänt, knackar du med höger hand på din vänstra. Vänsterhänta använder vänster hand.
- Använd två fingrar när du knackar på akupunkturpunkterna.

 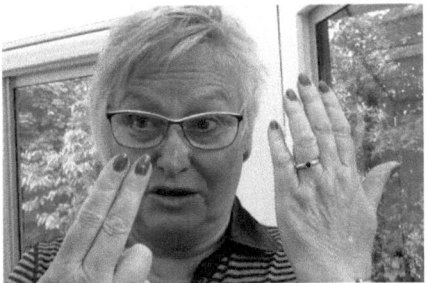

Knacka på sidan av handen

Säg högt medan du knackar:

- — Tänk att det ska vara så jobbigt. Tänk att det ska vara så besvärligt. Att det alltid ska hänga upp sig. Är det inte ena eländet, är det något annat. Varför ska det hela tiden vara så fruktansvärt svårt.
- — Tänk om jag skulle kunna tänka andra tankar. Tänk om jag skulle kunna tänka att det faktiskt finns en mening med det som sker. Föreställa mig att det är en mening med det som sker.
- — Föreställer mig att jag faktiskt skulle kunna nå något annat spännande med det jag gör. Tänk om det skulle kunna vara så här, att jag faktiskt lär mig av mina misstag och skulle kunna tänka andra tankar.

Observera! Du kan få lite träningsvärk eller mjölksyra i händerna.

189

När du har gnällt färdigt en stund och knackat på samma punkt, samt talat högt med dig själv hela tiden, fortsätter du till nästa punkt.

Yintang-punkten (mellan ögonbrynen)

Fortsätt säga högt:

- — Jag tror faktiskt att jag skulle kunna lära mig lite fler positiva tankar om jag tränar lite hårdare. Jag tror att om jag skulle kunna lära mig tänka positivt hela tiden och inte gnälla, skulle jag förmodligen kunna må mycket bättre. Slippa ta in gnället i min kropp. Och min kropp skulle må så mycket bättre.
- — Om det nu är så att det faktiskt skulle fungera, så skulle det också innebära att det påverkar min omgivning. Så låt oss anta att det faktiskt fungerar.

Punkten vid tinningen

Fortsätt tala med dig själv. Säg (eller byt ut till något som passar för dig baserat på din önskan):

- — Låt oss säga att jag faktiskt skulle kunna tänka mig att vara väldigt, väldigt positiv, till en början i en vecka, genom att faktiskt slippa gnället. Och kanske så småningom sätta ett gummiband om handen och tänka positiva tankar i tjugoen (21) dagar.
- — Vad skulle hända om jag gjorde detta i flera månader? Vad skulle kunna hända om jag faktiskt började tänka saker jag faktiskt önskar? Jag skulle vilja jobba fyra dagar per vecka. Så jag tror att jag sätter i gång tanken nu.

Punkten under ögat

Säg något liknande men byt ut till dina önskningar:

- — Vad skulle kunna hända om jag börjar jobba en fyra-dagarsvecka? Om jag skulle kunna jobba fyradagars-vecka, vad behöver jag offra? Vad skulle jag tillföra i mitt liv? Skulle jag samtidigt kunna lära mig nya saker som ökar min försäljning? Skulle jag kunna jobba på ett annat sätt än idag, när jag är mycket ute hos kunder? Skulle detta kunna bli något positivt?

Punkten under nästan

Säg något liknande eller byt ut mot din önskan:

- — Skulle det kunna vara så att jag faktiskt skulle kunna börja leva mitt liv på ett annat sätt och känna att jag lägger tid på annat. Jag kanske skulle lägga en hel arbetsdag bara på att ta hand om mig själv. Vad skulle det innebära? Skulle det innebära positiva saker? Skulle jag kunna må ännu bättre än vad jag gör idag? Skulle jag få större möjligheter med familj, barn och barnbarn, såväl som alla saker omkring mig? Skulle jag kunna ägna mig mer åt golf eller målning? Eller skulle jag kanske kunna börja släktforska igen?

Punkten på hakan

Säg något liknande eller byt ut mot din önskan:

- — Vad skulle detta innebära då? Skulle det innebära att jag skulle känna mig mycket mer fri? Skulle jag uppleva ett liv som jag inte har idag? Och vad skulle då kunna hända om jag använder det här tänket och tekniken som jag gör nu? Vad skulle då hända?

- — Vad skulle kunna hända? Skulle det kunna bli mycket bättre i mitt liv?

Punkten vid nyckelbenet

Säg något liknande eller byt ut mot egen önskan:

- — Skulle det kunna vara så, rent av, att jag skulle kunna leva upp som människa. Skulle jag gå ner i vikt om jag ägnar mig åt saker på ett annat sätt. Vikt kan jag även gå ner i om jag gör hypnos. Vad skulle hända egentligen?

Punkten uppe på huvudet

Använd hela handen och säg något liknande eller enligt din önskan:

- — Vad skulle hända då? Förmodligen skulle jag bli en helt annan person, förmodligen en mer harmonisk människa, mycket gladare. Jag skulle kunna ägna en stor del av mitt liv åt spännande saker. Saker som jag inte har tid, ork och engagemang att göra i vanliga fall. Vad skulle det vara? Fundera över det!
- — Jag vet vad jag skulle vilja göra med min tid. Och jag vet att jag kommer att göra det. Från och med nästa månad kommer detta att bli verklighet för mig.

Nu har du fått lära dig några punkter. Du kan börja om från början igen och fortsätta knack-resan på samma sätt genom att börja med punkten på handen. Du kan även använda Dabaupunkten under armhålan.

Genom att upprepa detta om och om igen - först med gnället och sedan fortsätta hela vägen runt, i trettio dagar - kommer något positivt att hända.

Din kropp består av vatten och elektricitet, alltså energi. Den här övningen blir som att sticka pennan i elkontakten. Det blir ett strömavbrott, och kroppen blir omskakad. Prova det! Det är effektivt. Stort lycka till med din framtid!

Berättelser från deltagare och betydelsefulla citat
Här får du några spännande berättelser och citat.

"Qigong är inte bara en övning, det är en livsstil." - Donna Eden, amerikansk författare och instruktör i qigong.

Den stressade karriäristen

Lisa, en framgångsrik marknadschef som gick min utbildning fann sig överväldigad av arbetsrelaterad stress och började tappa balansen i privatlivet. Hon lärde sig Chi Neng Qigong för att hitta ett sätt att hantera stress och upptäckte hur mentala vitaminer kunde hjälpa henne att återfå lugn och fokus. Precis som hon, får du insikt i hur specifika tekniker och övningar kan appliceras för att hantera daglig stress och främja mental hälsa.

Den pensionerade idrottaren

Johan, en före detta professionell fotbollsspelare, kämpade med fysiska och mentala utmaningar efter karriären. Han började praktisera Chi Neng Qigong som en del av rehabiliteringen och upptäckte hur övningarna inte bara stärkte hans kropp utan även hans mentala välbefinnande. Qigong kan vara en kraftfull metod för att återhämta sig från skador och samtidigt utveckla en stark mental grund.

Den sömnberövade föräldern

Annette, småbarnsförälder, kämpade med sömnbrist och konstant trötthet. Hon upptäckte Chi Neng Qigong genom min kurs och började utforska hur övningarna kunde hjälpa henne att finna ro och förbättra sömnkvaliteten. Detta belyser hur mentala vitaminer och qigong kan integreras i en hektisk vardag för att skapa balans och energi.

Den sökande studenten

Enok, en student som gick mitt program på nätet, kände sig vilsen och överväldigad av krav och förväntningar. Han började praktisera Chi Neng Qigong för att få klarhet och riktning i livet. Genom att utforska mentala vitaminer och qigong-tekniker fann Enok inte bara fokus utan en djupare förståelse för sig själv och målen. Kanske kan detta inspirera unga vuxna att använda qigong för att navigera genom livets utmaningar.

Den kreativa konstnären

Maria, en konstnär som upplevde kreativ blockering, använde sig av Chi Neng Qigong och för att återfinna inspirationen. Hon upptäckte hur övningarna och de mentala vitaminerna hjälpte henne att öppna upp sinnet och tillät kreativiteten att flöda. Hennes resa kan vara en källa till inspiration och mental klarhet för kreativa individer.

Summering välbefinnande, healing, currylinjer och EFT

Du har fått tips och verktyg för detta. Genom att skriva en tack-/lyckobok varje dag, får du inspiration och skapar positiva upplevelser. Detta gör att du kan eliminera offerrollen. Du kan träna dig i att ge dig själv healing för välbefinnandet, fördjupa meditationen med "3 centers förening", lära dig iaktta currykryss och knacka med hjälp av EFT.

11 Mingjue Gongfu - en fördjupad form av Qigong

Mingjue Gongfu är en fördjupad form av Qigong som integrerar kropp, qi och medvetande för att transformera och stärka ditt liv. Här är några tips på hur dessa element kan mobiliseras effektivt.

En modern metod med urgamla rötter

Detta är ett modernt tillvägagångssätt som har rötter i uråldrig visdom och är grundad i en ny livsvetenskap. Det är varken religiöst eller vidskepligt och är öppet för alla, oavsett religion eller nationalitet, precis som *Chi Neng Qigong*. Metoden möter dig där du befinner dig i det nuvarande ögonblicket och erbjuder ny livsvetenskap.

Master Wei - en av mina mentorer

Master Wei, en av mina mentorer, är ansvarig för denna metod. Han säger:

— Jag använder det jag har lärt mig under 30 år för att hjälpa människor återhämta sig från alla sorters sjukdomar i kropp och sinne.

Weis livsuppgift är att skapa en *"harmonisk storfamilj"* och ge nytta och healing åt världen. Han är grundaren av *"Daohearts"* och är Qigong-lärare, healer och utövare av traditionell kinesisk medicin (TCM). Han undervisar i antikens helande visdom.

Hitta ditt sanna jag

Master Wei beskriver vårt mänskliga samhällsproblem så här:

— Jag insåg att vårt mänskliga samhälle har ett stort problem eftersom människor förlorar sig själva, sina bebishjärtan. Vi vet inte vilka vi är. Vårt medvetande fäster och fixerar vid den materiella världen, andra människor, och yttre ting, inklusive våra fysiska kroppsliga känslor. När medvetandet förlorar sig blir vi separerade från kroppen. Vi missar vårt sanna jag. Inuti oss finns rädsla, och eftersom vi är rädda, kämpar vi ständigt. Vi skapar inre och yttre konflikter, både inom oss själva och med andra. Det är därför människor idag har psykiska problem. Denna press leder till stridigheter och krig över världen och orsakar många fysiska problem. Medvetandet blockerar energi, vilket i sin tur leder till fysiska blockeringar som förstör kroppen, immunförsvaret och andra funktioner. Det verkar som om varje individuellt problem bidrar till samhällsproblemet som helhet.

Master Wei lär människor hur de kan lösa problemen. Han visar hur du återtar ditt medvetande och återvänder till ditt sanna jag. Observatören börjar observera sig själv, inte det yttre eller andra saker. Det finns ingen fixering, bara ren medvetenhet.

— Jag lär folk hur man vaknar genom kropp, energi och hur medvetandet fungerar, fortsätter Wei.

Utveckla medvetandet och qi

Genom att utveckla medvetandet kan du förändra kroppens energi. Du övar på att göra kroppens energi riklig och låta den flöda fritt utan blockeringar. När den fysiska kroppen och medvetandefunktionerna förbättras, blir kroppen friskare och starkare. Kropp, qi och medvetande arbetar tillsammans för att stödja varandra.

Under qigong-träning kombinerar du kropp, qi och medvetande. Dessa tre är en enhet. Du praktiserar medvetandemeditation. När medvetandet blir avslappnat och fokuserat, odlar du dess kraftfulla potential. Sedan använder du detta högnivåmedvetande för hela kroppen. Kroppens, naturens och universums qi är sammanlänkade. Genom att använda detta högnivåmedvetande mobiliserar du din inre qi för att smälta samman med den naturliga världen och universiell qi. På så sätt kan du göra din inre kroppsenergi renare, rikligare och fritt flödande. Immunförsvaret förbättras och kroppen blir friskare.

Statisk och dynamisk meditation

I samband med qigong-träning praktiserar du både statisk och dynamisk meditation. I den dynamiska meditationen använder du olika rörelser för qi. *Master Wei* hjälper människor att känna qi och uppleva energi. Inom fem minuter kan 95 procent av alla uppleva vad qi är. Du ser det inte, men kan känna det. Sedan utvecklar du en livssyn som präglas av qi i medvetandet.

Människor tillsammans

Människor tillsammans är som stjärnor på himlen. Varje stjärna lyser upp den andra. När många människor når detta tillstånd och tränar tillsammans skapas ett medvetandefält. I detta medvetandefält försvinner problemen. När du når denna nivå av medvetandefält och blir observatör, fäster du dig inte längre vid kroppens begränsningar eller världens konflikter. Du fastnar inte i tvångsmässigt negativt tänkande.

Fördelar för individuellt och kollektivt medvetande

Detta ger fördelar både för det individuella och kollektiva medvetandet i förhållande till den naturliga världen. Människor måste förändra konflikttillståndet inifrån och bygga ett livstillstånd inom sig själva, en värld inifrån. Vi kallar det uppvaknandet av ren eller universell kärlek. En kärlek för att få kontakt med världen. Världen blir harmonisk, och människor kommer att utvecklas till en högre medvetandenivå.

Skapa inre frid

När du övar qigong kommer känslorna att eliminera problemen. Du blir klokare, och kommer att veta bästa sättet att hantera livet. Du kommer att känna dig fridfull. Då finns det ingen rädsla, ingen konflikt och inget bråk. Genom metoden finner du inre frid och kan gå djupare för att hitta villkorslös kärlek.

Livsrevolution

Många människor har ingen aning om hur viktigt qi är för deras liv. Det är en livsrevolution. När medvetandet observerar sig självt blir det ett uppvaknande, och detta självmedvetna tillstånd kallas *mingjue*. *Mingjue* är ett kinesiskt ord som finns i klassiska konfucius- och buddhistiska texter. *Dr Pang* (grundaren till Chi Neng Qigong) förklarade det i samband med modern teori, känd som *yiyuanti*, tillsammans med enkla och effektiva träningsmetoder. Så här kan *yiyuanti* (*YYT*) översättas:

- Yi: Syftar på sinnet och dess aktiviteter.
- Yuan: Betyder ursprung och enhet.
- Ti: Representerar kroppen.

I huvudsak handlar *YYT* om enheten mellan sinne, kropp och ursprunget till allt. Det är ett tillstånd av ren medvetenhet där det inte finns någon separation mellan den inre och yttre världen. Detta tillstånd möjliggör mottagning, lagring, bearbetning och överföring av information, som omfattar innehåll och processer i den mänskliga hjärnan och medvetandet.

YYT beskrivs som en energimatrix som kopplar samman livsenergin hos individen med universums qi. Det är ett tillstånd av perfekt reflektion, där sinnet är klart och odifferentierat, kapabelt att uppfatta totaliteten av information utan att fästa sig vid den.

Mingjue och qi-kroppen

Mingjue kan översättas så här:

- Ming: Klar
- Jue: Observatör/observation

Mingjue smälter samman med qi-kroppen och universum och bildar en uppvaknandehelhet, kallad mingjue-helheten. *Mingjue* är medvetenhetsträningsnivån inom Zhineng/Chi Neng Qigong. Du kan upprätthålla ett mingjue-helhetstillstånd och träna alla rörelser i detta tillstånd.

Två sätt att använda medvetandet

Medvetandet har två grundläggande funktioner som kan arbeta tillsammans för att skapa ett vackert liv.

Det första sättet att utveckla medvetandet är genom *observation*. Du tar emot information och lär dig livets och universums lagar. När du har denna kunskap kan du skapa ett vackert liv och en vacker värld, och du utvecklas till ett medvetande på hög nivå.

Det andra sättet att utveckla medvetandet är genom att *ta emot och skicka information*. När medvetandenivån fördjupas, blir att skicka och ta emot information en och samma process. Du kan omvandla all information direkt i ditt medvetande eftersom det inte finns någon åtskillnad mellan betraktaren och den observerade.

För att göra transformationer i medvetandet måste du ha en avsikt. Du måste ge informationen om vad du vill omvandla. Att träna din medvetenhet är ett effektivt sätt att få healing. Om du vill läka problem i din kropp behöver du djupare observera platsen och samtidigt slappna av. Ditt medvetande har förmågan att förvandla området till ett perfekt tillstånd.

Fokusera på den transformation du vill uppnå, vilket liv vill du ha? Behåll avsikten under träningen. Informationen kommer att vägleda din energi och transformera i den riktning du observerar.

Förstå livets och universums lagar

I Qigong odlar du kropp, qi och medvetande för att förbättra ditt liv. När du övar kommer du att utveckla förmåga och visdom. Sedan använder du denna förmåga och visdom i det dagliga livet.

Qigong består av fyra huvuddelar:

- **Teori**: Du förstår livets och universums lagar. Du förstår att universum är qi. Du vet hur man använder qi för att omvandla livet.
- **Metoder**: Öva statiska och dynamiska metoder för att odla kropp, qi och medvetande.
- **Övning**: Använd dessa metoder för att öva. Övning är mycket viktigt. Om du bara kan massor av teorier och metoder, men inte övar, är det inte Qigong.
- **Användning**: När du övar får du förmågor. Du behöver använda dessa förmågor för att förändra livet.

Zhineng Qigong / Chi Neng Qigong

Zhi och *Chi* betyder visdom. Vad är visdom? Visdom är förmågan att ta emot information på ett klart och tydligt sätt. När du är en ren och tydlig observatör kan du se allt med skärpa och genomskåda det som annars är dolt. Om du som observatör är stabil och kraftfull, får du förmågan att förändra saker.

Neng betyder förmåga.

Zhineng Qigong / Chi Neng Qigong, är en form av Qigong som förbättrar både visdom och förmåga genom att träna observatören. Genom att förfina din förmåga att observera, utvecklar du visdom och stärker dina förmågor.

199

Den inre mästaren

Gongfu innebär att träna dina förmågor på djupet. Genom *Mingjue Gongfu* blir ditt medvetande stabilare, renare och klokare, samtidigt som du utvecklar potentialen.

Gongfu manifesteras i qi. Din kropp fylls av riklig och kraftfull qi. Det speglas i din fysiska kropp som blir stark, flexibel och kraftfull. *Gongfu* kan visa sig i ditt arbete och dina färdigheter. Efter långvarig träning blir du skicklig och erfaren.

Koncentration, avslappning och observation

Dessa tre är grundläggande aspekter av *gongfu*. Genom att förbättra dessa tre aspekter kommer dina förmågor att utvecklas. Om du saknar, eller inte har tillräckligt av dessa tre aspekter, kan du inte effektivt förvandla din qi-kropp eller läka dina problem.

Universums information är qi

Modern vetenskap anser att universum består av 99,99 % osynlig substans. Men vad är qi? Allt är qi. Inom Zhineng-/Chi Neng Qigong-vetenskapen består världen och universum av qi. Qi är den grundläggande substansen i universum och inkluderar både synlig och osynlig qi. Osynlig qi är alla typer av energi som du inte kan se men som passerar genom allt slags fysiskt material.

Det finns många nivåer av osynligt qi. Till exempel har du osynlig qi runt dig och i din kropp, vilket är ditt qi-fält. Ett träd har osynlig qi inuti och runt sig, det vill säga formlös qi.

I universum finns många nivåer av osynlig qi, såsom elektriska vågor, magnetism, strålning och kvantnivåer. Alla dessa är olika energinivåer av osynlig qi. Dessutom finns det ur-qi, det vill säga *hun yuan qi*. Denna qi är mycket ren och fin och finns överallt, i våra kroppar, i bergen, i jorden, på månen, solen och i det tomma utrymmet.

Medvetandet kan mobilisera qi

Medvetande och energi kan samverka för att åstadkomma en snabb omvandling. När energin förändras, försvinner fysiska kroppsproblem. Dessa tillstånd består av koncentrerad energi, och medvetandet har förmågan att omvandla energin. Ditt medvetande kan mobilisera qi för att samlas och växa ihop, vilket understöds av nervsystemet. Medvetande och qi flödar genom kroppen. När du fokuserar på den fysiska nivån, som inom västerländsk medicin, ser du kroppen som en anatomisk enhet.

En ny kroppshelhet

Vad menas med en ny kroppshelhet? Kroppshelhet innebär goda kopplingar i nervsystemet. När du har bra koll på kroppen kan den fungera effektivt som en enhet. I allmänhet är vårt medvetande separerat från kroppen. I det dagliga livet tänker du inte på ditt kropps inre rum. Många kroppsliga, känslomässiga och psykiska problem uppstår på grund av separation mellan kropp och medvetande. Därför måste du träna medvetandet att återvända från omvärlden och smälta samman med kroppen som en enhet.

Qi-fältet

När ditt medvetande är centrerat och befinner sig inuti kroppen kan qi-fältet inom och runt kroppen bibehållas och förstärkas. Idag vet vi att allt i universum är qi. Olika nivåer av qi smälter samman för att bilda en oändlig helhet. Form och formlös qi omvandlas ständigt tillsammans, varje sekund. Tänk inte på din fysiska kropp som statisk och oföränderlig, eftersom den förändras varje sekund. Imorgon kommer du att vara annorlunda än vad du är idag. Kom ihåg detta, det är särskilt viktigt för din träning.

Vad är ett qi-fält?

Allt är qi. Jorden och kroppen bildar tillsammans ett qi-rum, och du behöver påminna dig om detta. En vetenskapsman beskrev nyligen jorden som ett transparent, stort utrymme. En liten partikel kan passera genom jorden inre, eftersom den består av ytterst fina små partiklar, nästan som ett genomskinligt utrymme där ljus kan tränga igenom.

Du behöver förändra din världsbild. Vetenskapen har nått en hög nivå av utveckling, och du bör använda vetenskapens insikter för att hjälpa ditt medvetande att gå bortom begränsningarna hos dina fem sinnen, dina kroppsliga upplevelser. Allt är ett qi-utrymme.

För att sammanfatta, varje form har sin egen qi både i och runt sig. Denna qi innehåller information om formen och är det som skapar och upprätthåller den. Qi kan minska eller till och med försvinna och smälta in i universum, men den är vanligtvis relativt stabil.

Om qi-fältet inte följer dig kan ditt qi snabbt minska och försvinna. Medvetandet kan upprätthålla qi-fältet. När ditt medvetande är centrerat och stannar i kroppen, kan qi-fältet inom och runt kroppen bibehållas och stärkas. Ditt medvetande samlar universell qi till din kropp, vilket blir en del av din qi. Denna osynliga qi kan omvandlas till fysisk form, och den fysiska formen kan omvandlas till osynlig qi. Detta sker varje sekund i ditt liv.

Stark inre Qi

Genom träning kan du förbättra ditt liv på många sätt. När du tränar fokuserar du främst på kroppens inre. Anledningen är att när medvetandet har en stark koppling till kroppens inre qi-utrymme, hjälper det till att upprätthålla qi på insidan. I början observerar du främst ditt inre för att skapa ett starkt qi-centrum som innehåller kraftfull information som stödjer ditt liv och sällan förloras.

Vissa daoistiska utövare fokuserar enbart på området kring det nedre dantian, och efter några års träning blir deras inre qi starkt. När ditt inre qi blir mer harmoniskt, starkare, och mer centrerat, kan du ansluta till universell qi. Detta upprätthåller inte bara din inre qi, utan samlar mer universell qi för att förbättra ditt liv.

Många människor vill hjälpa andra och har ett gott hjärta. Förlorar du dig själv, räcker inte din observation och kraft till, och du förbrukar din energi. Om du separerar ditt medvetande, tänker för mycket och fäster dig vid många saker, saknas den enkla och stabila observatören inom dig. En tredje aspekt är att när du observerar kroppen inifrån, fokuserar på processen, blir observatören gradvis mer stabil, kraftfull och renare. Kom ihåg dessa punkter, och dina inre upplevelser kommer att förbättras.

Djupt universiellt utrymme
När ditt inre utrymme öppnas kommer du att må otroligt bra.

Öppna din kropp
Inom kroppen har du ett universellt utrymme. Du tränar medvetandet att smälta samman med qi-kroppens inre rymd på djupet. Medvetandet förenas med kroppen och blir en helhet. Detta är grunden till övning på alla nivåer. Genom att öppna det inre utrymmet skapar du en harmonisk upplevelse. Du öppnar upp kroppens struktur och bygger en ny kroppshelhet. Detta förbättrar kroppens flexibilitet och medvetandets förmåga att samordna rörelser. Hälsan stärks, den inre qi blir riklig och flödar fritt, och kroppens funktioner förbättras. När inre qi förbättras blir livet mer balanserat och känslorna mer positiva. Många märker att deras relationer blir mer harmoniska. Allt hänger samman; när ditt medvetandetillstånd förbättras, blir livet bättre. När ditt inre liv är bra dras andra till din energi.

Detta kommer att hjälpa dig i ditt arbete. Du blir klokare, medvetandet klarare, mer kreativt och du får mer energi. Eftersom dina relationer och känslor är positiva, kommer andra att vilja stödja dig.

Tre nivåer av helhet
Dr Pang nämnde ofta att medvetandet inte alltid är bundet till kroppen eller qi.

Qi livssyn
Ur qi-perspektiv är du qi. För att växa behöver du träna på att slappna av, koncentrera dig, observera och transformera. På grundnivån, som du fått lära

dig i denna bok, behöver du fokusera på qi-tillståndet och uppleva avslappning. Många tränar i åratal, men deras meditations- eller qigongnivå förbättras inte nämnvärt, eftersom medvetandet inte kan koncentrera sig ordentligt. Det har inte tillräcklig kraft att tränga in i kroppen. Därför bör du träna medveten observation. Du övar medvetandet att smälta samman med kroppens djupa inre rum, både under statiska och dynamiska meditationsövningar. Ett fullständigt liv innebär inte bara fysisk eller energinivå, utan inkluderar medvetenhetsnivå, relationer och familj. Det omfattar hela ditt liv.

Medvetande och livssyn
Många utövare har tränat i många år, men deras utveckling begränsas av fixering vid kropp och qi. På *Huaxia Center* påpekade *Dr Pang* ofta att medvetandet inte alltid behöver vara bundet vid kroppen. Om så är fallet, kallas det "död vid kroppen". Kroppens och qi-känslan är beroende av sinnesorganens funktioner. När medvetandet begränsas av dessa funktioner blir det fastlåst, oförmöget att röra sig fritt och fungera flexibelt.

Medveten evolution
Genom att träna qigong väcks medvetandet till inre frid, frihet och universell kärlek. Du behöver förbli i det bästa livstillståndet. Då älskar du både dig själv och världen. Men det finns många fasthållanden som håller dig borta från ditt bästa tillstånd. Vad kan du göra? Du behöver förändra ditt sinnestillstånd. Du måste öva och uppnå det bästa tillståndet av helhet.

När du observerar börjar medvetandet uppleva sig själv. Observatören återvänder till sig själv. Detta är viktigt eftersom konflikterna då upphör. Om du observerar kommer all rädsla och negativa känslor att försvinna. Ditt inre blir fridfullt och fritt. När du befinner dig i detta tillstånd får livet näring. Det är det mest harmoniska tillståndet. Människor tenderar att fästa sig vid den yttre världen, vilket splittrar helheten. Fokusera i stället på att bygga denna helhet och skapa ett fullständigt livstillstånd.

Världsmedvetandefältet
Många människor vandrar hjärta mot hjärta i samma riktning.

Väck medvetandet och upplev frihet

Genom att ansluta dig till ett världsmedvetandefält med hög resonans får du stöd, och resan blir mycket lättare. Ditt kraftfulla medvetandefält stödjer allt. Det är en osynlig och oändligt ren kraft. Du känner att ditt medvetande blir renare och mer stabilt.

Dela denna vackra upplevelse av ett rent medvetande med alla människor. Vi stödjer varandra i vår gemensamma tillväxt. Du läker och förbättrar ditt individuella liv. Samtidigt bär medvetenhetsfältet oss.

Djup brunn

Att fokusera djupt är som att gräva en brunn för att hitta vatten under jordens yta; du måste fokusera på ett ställe. Vissa människor som övar på metoder saknar tillräckligt djup. Medvetandet blir splittrat av att hoppa mellan olika metoder. Syftet med att öva bör inte vara att använda många tekniker. Ditt mål bör vara att stärka medvetandets förmåga och kroppens inre qi för att möjliggöra djup transformation. I stället för att öva på många metoder är det bättre att fördjupa några få. Jag har tränat Qigong i 30 år och lärt mig många metoder, och jag har funnit att när du ägnar dig åt några få enkla metoder under en längre period, kommer du att uppleva stora förbättringar. Om du ständigt byter plats kommer du aldrig att hitta vattnet.

Du tränar för healing, på subtil energi, såsom elektricitet och magnetism. Du tränar i familjerelationer.

Transformera referensramverk

När ditt medvetande förblir klart, centrerat och vaket, börjar du bryta igenom ditt gamla referensramverk. Din referensram består av gamla vanor och fasta idéer. Dessa mönster aktiveras när du möter utlösare i ditt dagliga liv. Hur mycket förändring som sker avgörs av hur kraftfull och ren din observation är. Många vill bli bättre på healing. Genom att förbättra observationsförmågan tränar du helandekraften.

Många försöker självläka, men hälsotillståndet förbättras inte eftersom medvetandet är fixerat vid problemen. Medvetandet och observatören har inte utvecklats tillräckligt. När du fokuserar på ditt inre för att skapa ett harmoniskt tillstånd förändrar du ditt liv inifrån. Men detta är inte tillräckligt. Dela denna underbara upplevelse med andra. Du blir lugn, avslappnad och tillfreds. Hjärtat är fritt. I detta tillstånd är du inte bunden till den materiella världen eller den fysiska kroppens qi.

Öva dagligen

Uppvaknande medvetande i sin helhet

I samhället har alla olika tankar och idéer. Genom att stanna i tillståndet och använda referensramen i kommunikationen, kommer du att upptäcka att tillståndet kan smälta samman och behöver inte blockeras av samhällets referensramar. Du är då havet och inte enbart vågorna.

Mänskliga relationer utgår från familjefältet och expanderar till samhället och vidare till världsmedvetandefältet. Relationer manifesteras i vårt medvetande – både ditt och andras. När vi kommunicerar med varandra är vår referensram antingen avslappnad och harmonisk, eller präglas av kollisioner eller konflikter. Genom att stanna i tillståndet kommer du gradvis att lösa problem. Du tränar för att fokusera på att rena dig själv genom meditation och praktik i vardagen. Ditt medvetande blir självständigt, ett slags osynlig kraft. I ditt medvetande bekräftar du den oändliga tomheten.

Himmelska porten

Shenji-palatset är en viktig plats i zhineng-/chi neng qigong-träningen. När du tränar shenji är det avgörande att veta exakt var platsen är belägen. *Shenji-palatset* ligger vid korsningen av två linjer: en horisontell linje som går från yintang till yuhzen och en vertikal linje som går från bahui (den himmelska porten) och nedåt. Området där dessa två linjer korsar varandra motsvarar utrymmet runt tallkottkörteln.

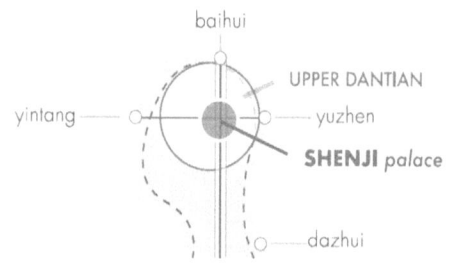

Superförmågor

Från *shenji-palatset* kan du utveckla två typer av superförmågor, beroende på vilken riktning du väljer att fokusera på. *Shenji-palatset* täcker tallkottkörteln, och denna plats är viktig. När vi talar om "shenji" syftar vi på vibrationer som sker där. Tallkottkörteln är centralt beläget för *det tredje ögat*. Många tror att *det tredje ögat* är beläget mellan ögonbrynen, men det är området runt tallkottkörteln som har stor potential att utveckla superförmågor.

Shenji-meditation

Meditationen bör utföras med en lätt avslappnad avsikt, gärna med ett inre leende för att skapa avslappning i ditt inre.

Hur gör du?

1. Slappna av i avsikten

- Börja med att slappna av i avsikten. Det finns två sätt att uppnå detta. När du slappnar av i ditt avsiktsfokus och samtidigt gör shenji-palatset till ett rent utrymme, blir ditt inre avslappnat. Använd ett leende för att stödja denna process.

2. Fokusera och slappna av

- Fokusera på utrymmet i shenji-palatset och slappna av i din avsikt. När du känner att ditt medvetande är i shenji-palatset, fokusera på detta utrymme. Avsikten bör vara lätt, och med ett leende blir ditt inre avslappnat. Detta leende hjälper till att öppna shenji-palatset. Fortsätt fokusera på mitten av utrymmet och upprepa tyst "shenji".

3. Hantera tryck

- Om du börjar känna tryck i huvudet, är det viktigt att slappna av i avsikten och öppna din medvetenhet. Sänk ditt medvetande och skanna igenom kroppens inre utrymmen, del för del, för att lindra trycket.

4. Avsluta meditationen

- Avsluta meditationen genom att observera andningen i buken eller kroppens andning. Slappna av och observera andningen en stund innan du avslutar övningen.

Detta är början på den första grundläggande övningen i shenji-meditationen. Om du vill lyssna på en inspelningen, välj länken på YouTube:

https://www.youtube.com/watch?v=4395sJiX-gE

Body Mind Form

Det finns flera nivåer av qigong. En av dessa kallas ”*Body Mind Form*”. Om du vill ta en titt på den, kan du använda följande länk:

https://www.youtube.com/watch?v=Ku48lBFGl8Y

Body Mind Form fokuserar på individuella organ i kroppen.

12 Avslutningsvis och tack

Jag hoppas innerligt att du med hjälp av att använda de mentala vitaminerna och Chi Neng Qigong-träningen kommer att få ett mer meningsfullt liv. Dessa fantastiska vitaminer har varit till stor hjälp för mig.

Tack för att du valt att läsa denna bok.

Många kramar och stor omtanke

Monica